世界航空 1951-2023 制服圖鑑

反映時尚潮流與文化的航空制服史

人人出版

前言

1930年，美國的Ellen Church以首位女性空服員之姿登上飛機，她自備制服，在機艙內以護士的造型現身。

21年之後的1951年，日本的航空業界也開始蓬勃發展，並誕生出各式各樣的制服。

本書即日本及世界各國航空制服的歷史、知識集大成之作。

目次

※書中提到的CA、FA、機組人員指的都是空服員。

由Emilio Pucci設計的布蘭尼夫國際航空CA制服。

法國航空為紀念東京航線啟航而製作的海報。

1963年當時的北歐航空地勤人員。

Column

印有國泰航空歷代CA制服的明信片。

第 1 章
世界的航空制服歷史

1930年代

CA制服的歷史始於男性

與Ellen Church一起被聯合航空錄取的8名世界首批女性空服員，又有「The Original Eight」之稱。

法國航空最初雇用的空服員也是男性。

全世界第一位女性空服員——聯合航空的Ellen Church。

世界上第一位ＣＡ是男性 1930年代才首次出現女性ＣＡ

可能很多人會認為「空服員以女性為多，歷史上也一直是由女性來擔任」，但其實世界上第一位空服員是男性。

1912年3月，德國誕生了首位空服員。德國航空公司「DELAG」在旗下運行的齊柏林飛船上開始提供乘客機內服務，當時雇用的人員就是Heinrich Kubis。Kubis曾任職於巴黎麗茲酒店、倫敦卡爾頓酒店等知名酒店集團。

邁入1920年代後，多家航空公司陸續成立，但擔任機上服務人員的仍是男性。直至1930年5月才出現了史上第一位女性空服員，也就是波音航空運輸公司（聯合航空的前身）的Ellen Church。她出生於美國愛荷華州，具有護理師的背景。原本想應徵機師但不被錄用，轉而尋求以空服員的身分進入航空業。向公司毛遂自薦「為了服務機上的乘客，若有護理師在場實有助益」的構想後獲得採納，成為第一位女性空服員。連同一起被錄取的7位護理師，又被稱為「The Original Eight」。

日本於戰前的1931年誕生了空中小姐

反觀日本，首位空服員則是女性。當時營運羽田／下田（伊豆）／清水（靜岡）線的東京航空輸送株式會社，錄取了3名被稱為「空中小姐」的空服員，1931年4月開始在機上為乘客提供輕食。可是3人

一應飛行機に乘せた上
エア・ガール採用
和田、本山兩孃の氣焔

刊載1931年東京航空輸送株式會社錄用空服員「空中小姐」的新聞報導（1931年2月6日東京朝日新聞）。

1934年當時的達美航空艙門櫃檯人員（地勤人員）制服。

無法忍受惡劣的待遇，於一年後全數離職，日本的初代空服員不到一年時間就從空中消失了。

空服員真正在日本活躍起來要到1937年。當時由日本政府成立的特殊法人日本航空輸送株式會社要招募10名「空中小姐」，據說前來應徵的人數多達2000多人。日本航空輸送後來與大日本航空合併，空中小姐也持續擴編中。1940年時已有超過30名空中小姐翱翔於日本的天際。但由於第二次世界大戰的緣故，大日本航空廢除了空中小姐。直到1951年第二次世界大戰結束後，空服員才又再次回到日本的天空（戰後的日本航空制服史請參照第40頁）。

低薪是女性CA誕生的理由之一

為何1930年的美國和1931年的日本會相繼出現女性空服員呢？推測可能是經營者追求「便宜的勞動力」所致。1930年當時並無男女平等的觀念，兩性的薪資差距極大。加上美國的勞工運動盛行，航空公司的管理階層正面臨棘手的工會問題。對於認為「女性的話或許就不會籌組工會」的管理階層而言，女性空服員的存在不僅能貢獻營益，也比較容易對付。

1930～1969年期間的聯合航空歷代空服員制服，最右為第一代制服。

1930年代在機上對旅客提供服務的法國航空男性CA。

1940-1950年代

剛健質樸的軍裝風格

1947年導入的CA制服，夏季為白色襯衫和白色外套。

1940年當時的達美航空地勤人員制服，女性為白色開襟襯衫搭配外套。

達美航空

1947年導入的達美航空制服（右）。以讓人聯想到軍服的卡其色套裝搭配白色襯衫，加上偏小的制式帽。外套上只有單顆鈕扣。

設計師 不詳　**開始啟用** 1947年

CA制服無視於世俗流行 以軍裝和護理師制服為原型

從1940年到1950年代，第二次世界大戰期間，服裝樣式完全走的是剛健質樸的風格。終戰後，Christian Dior隨即推出名為「New Look」的時裝系列，「纖細腰身、寬大裙襬」的風潮席捲了全世界。50年代的美國雖然也盛行以瑪麗蓮夢露為首的性感形象，但當時尚未將「性感」和「流行」放進航空制服的設計元素中。因為以航空大國的美國為中心，空服員的形象定位仍然是「隔壁的鄰家女孩」和「理想的結婚對象」。

由於史上第一位女性空服員是護理師的緣故，從1940年到1950年代的空服員制服可以發現受護理師制服的影響極大。法國航空的初代女性空服員制服，甚至是以紅十字會的制服設計為範本。

此外，航空制服也受到軍隊不小的影響。例如澳洲航空、環加拿大航空等多家航空公司，就在帽子的設計中加入軍裝風格。

澳洲航空

自1948年推出後使用超過10年的澳洲航空制服。以舊稱為「Signature Cap」的軍風帽為最大特色。夏季制服為白色連身裙。

設計師 不詳　**開始啟用** 1948年

法國航空

1946年法國航空首次雇用女性空服員時所設計的制服，原型為紅十字會制服。以藏青色的毛料外套和裙子搭配成套裝，內搭白色府綢襯衫。貝雷帽規定必須「斜戴」。

設計師 Georgette Rénal
開始啟用 1946年

環加拿大航空

1938年導入的環加拿大航空制服為袖口上有2條白線的套裝，再加上軍風帽。設計師Lucile Garner Grant同時也是該公司的首批空服員。環加拿大航空已於1995年被加拿大航空收購。

設計師 Lucile Garner Grant
開始啟用 1938年

漢莎航空

此款為1958年推出的頭等艙空服員（FA）制服。以斜紋軟呢大衣搭配白色手套營造出優雅氛圍，帽子上還有用同布料做成的蝴蝶結。

設計師 Ines Schueler
開始啟用 1958年

1948

北歐航空

北歐航空於1948年導入的制服。帽子等部分為軍裝風，但從剪裁合身的外套和寬大裙襬可以看出受到Christian Dior的「New Look」影響。

設計師 不詳 **開始啟用** 1948年

紐西蘭航空

1940年代的紐西蘭航空制服也能見到不少軍裝元素。單排扣外套與過膝裙，再搭配制式帽。當時就連女性制服也須繫上領帶。

設計師 David Jones
開始啟用 1940年代

機師的制服

1955年當時的北歐航空機師群合照（正中央者為空服員）

1969年北歐航空的首位女性機師Turi Widerøe（挪威籍）。機師制服向來都是褲裝，搭配裙子十分罕見。

機師制服與隨著時代變遷不斷變化的CA制服相比，則令人詫異地毫無改變。幾乎都是雙排扣或單排扣外套搭配西裝褲，加上領帶，胸前配戴翼章，以及在制式帽和袖口繡上線條的造型。

機師制服據說是以海軍的軍服為原型所設計。從多個國家的海軍上校以Captain來稱呼，袖口上也與航空公司的機長（Captain）同樣繡有4條槓皆足以印證。

順帶一提，許多航空公司都規定機長的袖口為4條槓，副機長是3條槓。以前的飛航工程師制服上有2條槓，但目前已無此職位的需求，所以看不到了。

美國海軍上校的制服，據聞即航空公司機師制服的原型。

2020年4月亮相的JAL機師制服。女性機師的制服為單排扣外套並搭配絲巾。

迷你裙大旋風

北歐航空

1960年代至70年代間，時裝界正流行色彩繽紛的風格。北歐航空在1968年導入的制服就是鮮明的淡藍色，短袖襯衫連身裙外還會再披上一件長大衣。

設計師 Carven　**開始啟用** 1968年代中後期

1967

布蘭尼夫國際航空

1928年至1982年間存在於美國的一間航空公司，以德州為根據地。1983年重啟營運，至1991年為止同時兼營國內航線和國際航線。也曾經由Emilio Pucci操刀空服員的制服，十足的設計感至今仍廣受好評，即便穿著制服直接去參加派對也毫不奇怪。

設計師 不詳　**開始啟用** 1960年代中後期

西南航空

總部設於美國德州的廉價航空公司。1971年啟航時，就導入了名為「熱褲」的迷你短褲作為空服員的制服。橘色熱褲或迷你裙搭配白色繫帶的高統舞靴，現在來看仍然非常極端。當時該公司的空服員又被叫做「hostess」。

設計師 不詳　開始啟用 1971年

CA以維持身材為最高原則
追求「端莊秀麗」的時代

1960年代中後期到70年代中期，時裝界掀起一股「迷你裙」的全新風潮。

源起於英國曼徹斯特美術系學生穿搭的迷你裙，經過美國女星Edie Sedgwick在紐約的帶動，以及時裝設計師瑪莉官（Mary Quant）的引領下風靡全世界。當時日本首相佐藤榮作的夫人於1969年訪美之際，也曾因穿著迷你裙而成為話題。就連首相夫人都穿上迷你裙，由此可見風潮之盛。

這股潮流也如實反映在CA的制服上。歐洲系、美國系及JAL、ANA等亞洲系多家航空公司都導入了迷你裙制服。

迷你裙制服要穿得合身，不可或缺的就是姣好的身材。在那個時代CA須符合「端莊秀麗」的形象是不成文的規定，也有許多公司規定得在應徵表格內填入身高和體重。美國的德州航空甚至還在應徵文件上列出「肩寬、胸圍、腰圍、臀圍（穿著塑身衣和未穿塑身衣時）、大腿圍、小腿圍、腳踝圍」的欄位。

夏威夷航空

1968年以「Flower Power」為主題推出了A字型迷你裙的制服。可選擇無袖或是開衩袖，還會配給雞蛋花髮飾和黃色包包。

設計師 Tiger Fabrics of New York, David Evins, Park Lane共同製作
開始啟用 1968年

聯合航空

聯合航空也在1960年代推出迷你連身裙的制服。A字型連身裙以被稱為「夏威夷日落」的橘色或是名為「海洋藍」的藍色為底色，並搭配白色的線條。除了跟鞋外，也可選擇及膝長靴。

設計師 Joan Louic
開始啟用 1968年

芬蘭航空

1969年DC-8噴射客機投入紐約航線時亮相的芬蘭航空制服也是迷你裙，取名為「Space suit」的銀色內搭襯衫充滿迷幻的氣息。

設計師 Kari Lepistö **開始啟用** 1969年

奥地利航空

說到奧地利航空，最著名的就是將其品牌代表色「紅色」作為制服的設計元素。1969年所推出的制服，除了紅色之外當然也搭配了迷你裙。紅白相間的嘉頓格紋圖案裝飾，如今仍可在機艙內的枕頭和毛毯看到。

設計師 不詳　**開始啟用** 1969年

特優國際航空

總部設於德國杜塞道夫，1969年推出了白色迷你連身裙的CA制服。該公司在2007年3月被柏林航空收購，但柏林航空也已於2017年結束營運。

設計師 不詳　**開始啟用** 1969年

紐西蘭航空

1965年開始啟用的制服（左端）就是走在時代最前端的迷你裙，設計出自世界知名設計師Christian Dior之手。中間和右端的制服名為「Lollipop」，由紐西蘭國家航空公司（NAC）所推出，該公司後來被併入紐西蘭航空。

設計師 （左端制服）Christian Dior
開始啟用 1965年

法國航空

由最能讓女性穿出美感的設計師Cristobal Balenciaga負責操刀，淡粉色和薩克斯藍的夏季套裝採用短袖搭配迷你裙的樣式。

設計師 Balenciaga　**開始啟用** 1969年

漢莎航空

讓人眼睛為之一亮的黃色和藍色制服是1970年到1979年啟用的款式，迷你裙與披風的穿搭完全展現出70年代的風格。出自柏林的時裝設計師Werner Machnik之手。

設計師 Werner Machnik　**開始啟用** 1970年

大韓航空

從波音747客機橫越太平洋的時代就開始啟用的制服。制服有2款，以藍色和淺黃色的迷你連身裙搭配無領外套，帽子的曲線造型給人柔和的感覺。還首次加入了絲巾，此後也成為該公司空服員的必備單品。

設計師 Song Ok
開始啟用 1973年

義大利航空 (Alitalia-LAI)

1969年的義大利航空是首家將機型全部替換成噴射客機的歐洲航空公司。當時的CA制服正是符合流行趨勢的迷你裙，由Mila Schön操刀設計。

設計師 Mila Schön　**開始啟用** 1969年

1980-1990年代

權力衣著的時代

荷蘭皇家航空

自1982年以來該公司的制服設計皆出自Nina Ricci之手，此為1990年修改後的制服樣式。可以自行挑選要穿喇叭裙或是直筒裙，無領外套有附墊肩營造出俐落的風格，並首次廢掉配戴制式帽。該款制服啟用了20年，一直到2010年為止。廢棄的制服布料，則回收再利用做成機艙毛毯等用品。

設計師 Nina Ricci　開始啟用 1990年

義大利航空 (Alitalia-LAI)

義大利航空曾在1990年代推出由以剪裁精良著稱的Giorgio Armani所設計的套裝。橄欖綠色的制服給人柔和的感覺，穿起來很舒適。

設計師 Giorgio Armani　**開始啟用** 1991年

法國航空

制服的設計由Carven操刀，以紅色和藍色的千鳥格紋為創作主題。首次導入「衣櫥」的概念，可從各式各樣的單品中挑選並自行搭配組合。

設計師 Carven　**開始啟用** 1978年

西服套裝＋絲巾成為ＣＡ制服的基本款

當前只要提到ＣＡ制服，最經典的樣式即「裙子＋西裝外套再繫上絲巾」，此造型於１９８０年代至１９９０年代間確立。從前述內容可以得知，直到１９８０年代為止，大多數的制服都是無繫絲巾的西服套裝，或是不搭配外套的簡單連身裙。

一般普遍認為，這與１９８０年代到90年代女性開始走入職場有關。１９８１年時，2年前於聯合國通過的《消除對婦女一切歧視公約》正式生效，欲消除在政治、經濟、社會及其他領域對女性一切形式的歧視。日本女性也在景氣的推波助瀾下，紛紛踏入社會，並於１９８６年開始實施《男女雇用機會均等法》。「空姐」的稱呼被改成「空服員」，也是在該法律施行之後。１９８５年，荷蘭皇家航空誕生了首位女性座艙長。

在那樣的１９８０年代，流行的正是能展現出職場經歷和能力的「權力衣著」。最具代表性的時裝造型即是加了厚墊肩的西服套裝，這點也反映在ＣＡ的制服設計上。邁入１９９０年代後，厚墊肩消失不見、裙子的長度也開始變長，逐漸改成貼近身體的自然曲線為主。

西班牙國家航空

2016年10月重啟成田－馬德里直飛航線的西班牙國家航空，80年代的制服為有「加納利群島藍」之稱的藍色印花連身裙，加上深藍色的外套。並於皮帶、衣領、外套的裡布等處，使用紅黃兩種西班牙的傳統顏色做點綴。

設計師 Elio Berhanyer
開始啟用 1983年

北歐航空

立領襯衫及外套的衣領設計獨具特色的北歐航空制服，出自Calvin Klein之手。從1983年到1999年為止，總共使用了16年之久。

設計師 Calvin Klein
開始啟用 1983年

英國航空

1985年至1993年間採用的是由Roland Klein設計的制服。寬鬆毛料外套與偏長裙子的非正式穿搭風格，給人一種放鬆的感覺。Roland Klein雖出身於法國，卻在倫敦創立時裝品牌，已故的黛安娜王妃也是座上賓。

設計師 Roland Klein　**開始啟用** 1985年

西北航空

總部位於美國明尼蘇達州的西北航空（NW），2008年被達美航空收購合併。NW在1977年至1980年代所導入的CA制服，為搶眼的紅色套裝＋絲巾的穿搭造型。

設計師 不詳　**開始啟用** 1977年

達美航空

從1983年至2001年啟用近20年的制服，為海軍藍色套裝搭配白色襯衫的傳統樣式。1987年時增加雙排扣外套、連身裙和開襟毛衣，1991年又更新了絲巾等單品。1996年身為亞特蘭大奧運的官方指定航空，還推出特別款的絲巾和領帶。

設計師 Van Lupu **開始啟用** 1983年

法國航空

UTA（法國聯合航空）、法國內陸航空分別於1992年和1997年被納入法國航空的傘下，法國內陸航空的制服也繼續由法國航空的機組人員沿用，亦即照片中的兩件式藍色套裝（左邊第2位）及紅色連身裙，設計皆出自Nina Ricci之手。

設計師 Nina Ricci
開始啟用 1997年

紐西蘭航空

自1992年到2004年啟用已超過10年的制服，由紐西蘭籍的設計師Barbara Lee所操刀。從放入墊肩讓身型顯得更為結實的外套，可一窺當時的流行趨勢。

設計師 Barbara Lee **開始啟用** 1992年

維修技師的制服

英國航空於1985年導入的維修技師制服，以「極致保暖、舒適好穿，具防水功能」為訴求。

維修技師的制服為「連身款式」，亦即上下接連在一起的服裝。由於維修技師得在機棚或停機坪內搬運沉重零件，於各種姿勢下進行作業，適合穿著方便活動的連身服。維修技師制服材質的發展日新月異，JAL的技師也曾談到「Mont-bell的外套真的很保暖」。也可以說是一款不追求設計性，而是以材質為主要考量的航空制服。

AIR DO航空於2018年導入的制服，為了能在酷暑、嚴寒的環境下確實完成維修工作，對於伸縮性、吸水快乾等功能十分講究。由小林纖維與UNITIKA TRADING合力製作。

2020年4月開始啟用的JAL集團維修技師制服。連身服由DESCENTE Japan設計，雨衣和防寒衣等外套類則來自Mont-bell，機能性卓越。

更加時尚有型 更加舒適好穿

英國航空

英國航空於1992年至2004年間使用長達12年的制服，是由愛爾蘭裔美籍設計師Paul Costelloe所操刀。「既舒適又有型、女人味十足，帽子更是吸睛亮點」，在機組人員間很有人氣。Paul Costelloe又以曾設計過黛安娜王妃的服裝而廣為人知。

設計師 Paul Costelloe　開始啟用 1992年

澳洲航空

澳洲航空在2003年推出新款制服，為澳洲籍設計師Peter Morrissey的作品。布料上印有迴力鏢的圖案，在原住民語中代表「精靈的故鄉」之意。

設計師 Peter Morrissey　開始啟用 2003年9月

義大利航空(Alitalia-SAI)

義大利航空在2010年代換上了令人眼花撩亂的新制服。由義大利米蘭的設計師Ettore Bilotta所操刀的制服，從2016年6月開始啟用。以義大利國旗的顏色作為搭配組合，推出葡萄酒色套裝加上制式帽、綠色包包、手套等綠色配件小物及白色襯衫。當時堅持「Made of Italy」，但還不到2年就被汰換掉了。緊接著在2018年導入的制服出自義大利米蘭設計師Alberta Ferretti之手，以「Benessere（健康幸福）」為設計理念。此外，機上的日籍口譯人員穿著的是紅色制服，而非一般的海軍藍色。隨著義大利航空結束營運，該款制服也一同走入歷史，之後改由新成立的「ITA航空」接手重整經營。

(上) **設計師** Ettore Bilotta **開始啟用** 2016年
(左) **設計師** Alberta Ferretti **開始啟用** 2018年

法國航空

直到2005年導入現行的制服為止，法國航空的制服皆來自「Louis Féraud」、「Carven」、「Nina Ricci」這三家時裝品牌。照片中是Carven的藏青色連身裙，搭配白色衣領、白色袖口和條紋領結。該款制服獲得空服員的壓倒性好評，並持續使用了18年之久。

設計師 Louis Féraud、Carven、Nina Ricci
開始啟用 1987年

單品數量一直增加且以傳統色系為大宗

2000年代可說是航空業界的低迷期。2001年9月11日美國發生「911恐怖攻擊事件」，飛航需求陷入大幅衰退，美國的聯合航空、大陸航空、達美航空、西北航空及各大航空公司相繼出現破產危機。

日本在2000年左右接連有獨立系航空公司成立，但後來AIR DO航空、亞洲天網航空（現在的天籟九州航空）、JAL、天馬航空也陸續宣告破產。2008年又因雷曼兄弟事件進一步引發全球金融海嘯，使得航空業蒙受巨大打擊。

在那樣的情況下，航空公司的制服設計改以樸素的風格為主，大多選擇藍、黑、深灰色系的傳統套裝或連身裙樣式，彷彿在不景氣中刻意保持低調一般。

此外在這段期間，將同一款制服沿用至10年、20年之久的航空公司也越來越多。背後的真正原因可能是經營環境日益嚴峻，無法在制服的改款上投入更多經費所致。

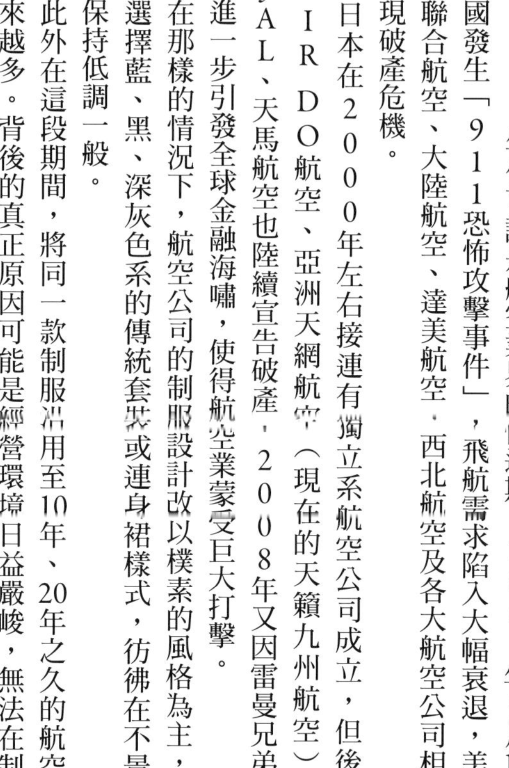

大韓航空

歷代中穿著最久、使用長達14年的制服，為大韓航空的重要象徵。藏青色的外套、裙子、背心加上素雅的白色襯衫，座艙長則為紅色外套。實際聆聽CA的回饋意見，最終從9款制服設計中選定。金色的鈕扣和姓名胸章，給人一種高級的氛圍感。

設計師 Kim Dong Soon **開始啟用** 1991年

北歐航空

以「非正式優雅」和「選擇自由」為設計理念的制服。提供多種單品選項，能充分展現個人風格，甚至連銀色霧面的髮夾和髮圈都有。

設計師 Susanne Levring Ritzou、Christopher Bjerke、Pernilla Forsman

開始啟用 1999年

Column

世界上的另類航空制服

其實世界各國都有太空衣、柔道服、熱褲、比基尼等看起來不像「航空制服」的另類設計

時裝的流行趨勢會因時代、地區而異。正因為航空制服與時尚潮流息息相關，所以也有些現在看來令人驚訝的設計款式。

以布蘭尼夫國際航空為例。這是一家1928年至1982年間存在於美國的航空公司，以德州為根據地。1983年重啟營運，至1991年為止同時兼營了國內航線和國際航線。具高度創意的制服造型，如今仍廣受好評。60年代由Emilio Pucci所設計的制服，給人一種迷幻般的氣息。太空人頭盔樣式的帽子雖然獨特，但也不禁讓人產生「帽子為何會長這樣？」的疑問。

另一個例子是美國大陸航空（2021年與聯合航空合併），曾於1980年代讓機上的日籍口譯人員穿上「柔道服」。更精確的來說是鮮豔的橘色長褲＋和服風格的上衣，但看起來完全就像是柔道服。

總部位於德國杜塞道夫的特優國際航空，1972年推出的制服為幾乎快要露出內褲的迷你裙。但其實只是熱褲造型的制服，完全不需擔心走光。可能因為該公司營運的是非定期航班，主要是提供飛往加勒比海、地中海、非洲度假勝地等地區的包機，所以才會出現如此前衛的風格。

宛如太空衣般？布蘭尼夫國際航空的制服是由Emilio Pucci負責操刀。

美國大陸航空的日籍口譯人員在機上穿著的制服，完全跟柔道服沒兩樣。

在日本蔚為話題的吊帶褲&迷你連身裙制服

日本的航空公司也曾推出引發社會騷動的制服。

舉例來說，AIR DO航空創立之初的CA制服（第49頁），以北海道為形象所設計的「吊帶褲」搭配運動鞋，當時雖然讓外界大吃一驚，但不到一年就改為套裝風格的制服。

2014年天馬航空發表的迷你連身裙制服也引起議論。其實這款制服只使用半年，僅限於新引進空中巴士A330機型營運的航線，亦即「宣傳活動」用途的制服。雖然宣稱可依CA的個人意願啟用，但仍因此遭致外界「容易遇到性騷擾」、「幾乎在走光邊緣實在不雅」等諸多批判。此外，當時公司還被爆出CA的職務退休年齡為38歲，引發大量的批評聲浪。在該款制服發表隔年的2015年，天馬航空陷入破產危機，2016年重新修改了制服樣式，結果營運竟V型反轉開始轉虧為盈。

身穿比基尼提供機內服務的CA

不過，歐美系或日本航空公司的另類制服，在越捷航空的「比基尼」制服面前可就遜色太多了。也許是擁有峴港、芽莊等世界知名的海濱度假勝地，因此越南的廉價航空「越捷航空」又有「比基尼航空」之稱，在特定航線的班機上CA會穿著比基尼提供機內服務，並且將機內的樣子上傳至Instagram（@bikiniairlineofficial）。導入比基尼制服的背後原因，據說是為了增加客群。順帶一提，該公司的創辦人是女性。

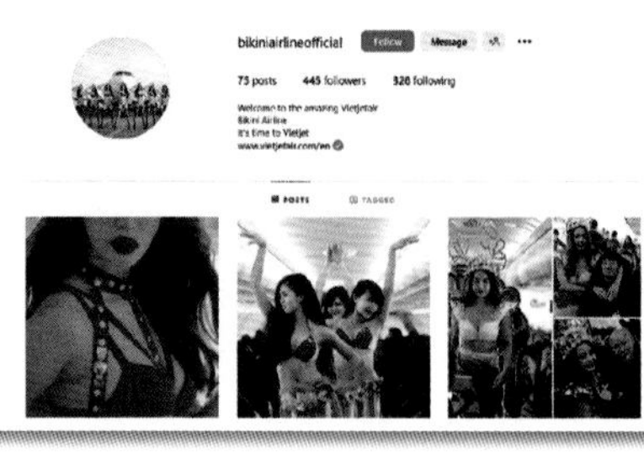

越捷航空別名為「比基尼航空」，穿著比基尼的CA會在特定航線的班機上提供服務。@bikiniairlineofficial

天馬航空的迷你連身裙是期間&航線限定的宣傳用制服。

特優國際航空在70年代所推出的熱褲制服。

第 2 章
日本的航空制服歷史

日本航空業界的黎明期 JAL、ANA的誕生

第二次世界大戰後的日本航空業界歷史，從1951年起揭開序幕。1948年8月15日宣告戰敗並無條件投降的日本，被聯合國最高司令官總司令部GHQ下令禁止所有的航空活動。1950年解禁後，1951年8月日本航空（JAL）誕生。創立之初的資本額為1億日圓。1952年10月開始經營國內航線，1954年開設東京—檀香山/舊金山航線。日本第一家營運國際定期航線的航空公司就是JAL。

1950年代除了JAL之外，陸續還有其他航空公司問世。1952年12月27日，ANA前身的日本直升機運輸公司（Nihon Helicopter）成立。ANA的IATA兩碼代號「NH」就是取自日本直升機運輸的起首字母。日本直升機運輸後來與極東航空合併，1958年改名為「全日空」。1953年東亞航空成立，之後更名為日本佳速航空。

CA在戰前就已經存在，1937年空服員開始在日本活躍。當時由日本政府成立的特殊法人日本航空輸送株式會社要招募10名「空中小姐」，據說前來應徵的人數上達2000多人。日本航空輸送後來與大日本航空合併，空中小姐也持續擴編中。1940年時已有超過30名的空中小姐翱翔於日本天際。

JAL

JAL是戰後日本首次雇用空服員的航空公司。

3款初代制服中的初代1號夏季制服。上衣左胸的外口袋上別著JAL胸章。窄裙的長度在膝下15cm，側邊有小開衩。頭上的制式帽，則是受到以前國外的空姐（舊稱）必須擁有護理師資格的影響所致。由於長窄裙在上下舷梯時較不方便，因此馬上就推出變更為大開衩設計的初代2號。

設計師 門田 稔　開始啟用 1951年8月

以日本開辦第一條國際航線為契機，修改後的第2代制服也正式亮相。與初代不同的是並無夏冬之分，為一年四季通用的制服。帽子有附頂，並在前面別上銀色翼章裝飾。

設計師 伊東茂平
開始啟用 1954年2月

1954年2月到1990年期間還曾推出「和服值勤」，讓輪值的CA穿上和服提供機上服務。

第3代制服是在DC-8噴射客機首航舊金山時改款推出。外觀延續第2代的海軍藍無領外套，再加上印有JAL標誌的4顆金色鈕扣。裙長改短後，行動上也方便許多。

設計師 伊東茂平　**開始啟用** 1960年8月

於開辦環球行程航線之際，推出煥然一新的第4代制服。無領外套和裙子皆為顏色鮮明的天空藍，外套上有附蓋袋口袋，襯衫為圓領造型。右胸上別著鶴丸圖案的珍珠胸針，圓頂形制式帽的正面也有鶴丸帽徽。

設計師 森 英恵　**開始啟用** 1967年3月

ANA

ANA前身「日本直升機運輸」的首批CA。

ANA的前身「日本直升機運輸」為迎接道格拉斯DC-3客機的首航，招募了首批空服員。只有6個名額，招考現場卻湧入上千位報名者，在當時備受外界矚目。初代制服的設計靈感來自美國空軍的女性制服，以藍色套裝搭配貝雷帽營造出柔和的氣息。

設計師 ANA社員
開始啟用 1955年11月15日

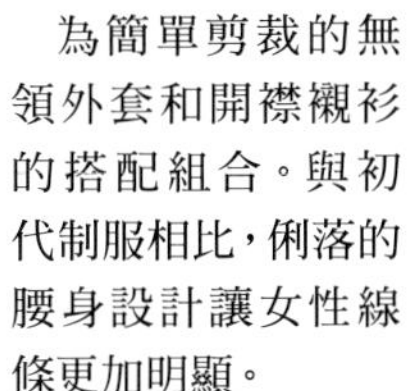

為簡單剪裁的無領外套和開襟襯衫的搭配組合。與初代制服相比，俐落的腰身設計讓女性線條更加明顯。

設計師 ANA社員
開始啟用 1958年9月1日

第3代制服是藍色的兩件式套裝，內搭為無領的外套式襯衫。夏季制服為短袖外套。該款制服曾於1966年9月榮獲厚生大臣獎。

設計師 中村 乃武夫　**開始啟用** 1966年3月1日

日本以ＪＡＬ、ＡＮＡ、ＪＡＳ三家公司為主軸的「45・47體制」時代

２００６年10月與ＪＡＬ合併經營的「日本佳速航空（ＪＡＳ）」，和ＪＡＬ、ＡＮＡ同樣都在日本航空業界佔有重要角色。過往翺翔於日本天際的就只有ＪＡＬ、ＡＮＡ、ＪＡＳ三大航空公司，在政府的主導下，ＪＡＬ獲准開辦國內幹線和國際航線，委派ＡＮＡ營運國內幹線和區域航線，而ＪＡＳ負責國內區域航線，亦即所謂的「45・47體制」。日本佳速航空的前身是１９５３年設立的東亞航空，後來與成立於１９６４年的日本國內航空合併，並改名為東亞國內航空（ＴＤＡ），１９８８年４月又更名為日本佳速航空。１９７１年10月開設東京／大阪／福岡線，１９８８年成田－首爾線開航，正式進軍國際航線。此外，該公司還曾推出由世界電影巨匠黑澤明導演設計機身的班機、全球首創在飛機上設置女性專用廁所等等，話題性十足。

１９７０年代，ＪＡＬ航空的子公司「日本亞細亞航空」和「日空航空」的前身「日本近距離航空」也相繼成立。日本亞細亞航空（ＪＡＡ）是一家專門經營日本－臺灣線的公司。１９７２年日本與中國建交後開設了日中航線，ＪＡＬ被中方要求停止臺灣航線的營運，因此另外成立了ＪＡＡ來重啟臺灣航線。

ANA

配合在大阪舉辦的世界博覽會，於1970年所導入的制服。採用當時大為流行的A字型迷你連身裙，令人耳目一新。連身裙上的直向線條是以跑道為設計靈感。夏季制服為清爽的藍白兩色，冬季制服則是黃色和褐色的鮮明對比。

設計師 芦田 淳 開始啟用 1970年3月1日

在引進洛克希德L-1011三星客機的同時推出的修改款，又被稱為「三星風格」。有藍色、米色、橘色3種顏色，除了裙子以外還可選擇喇叭褲，當時蔚為話題。雖然廣受乘客好評，但也有CA發表過如下的心聲：「襯衫有10顆小環扣、外套又附腰帶，再加上繫帶高跟鞋，必須耗費許多時間才能換裝，是一款讓空服員很頭痛的制服。」

設計師 伊藤達也
開始啟用 1974年3月10日

於波音747SR（巨無霸客機）首航之際，CA制服也全面換新。走的是重視功能性的休閒風格，襯衫、箱褶裙和小帽子各有藍橘2種顏色。

設計師 三宅一生 開始啟用 1979年1月25日

1982年為紀念ANA成立30周年所換上的新制服。藏青色的雙排扣套裝是經過全體CA投票決定的設計原型，也是ANA制服史上首次出現絲巾的穿搭。

設計師 芦田 淳
開始啟用 1982年12月1日

JAL

以波音747巨無霸客機的首航為契機，推出當時正值流行的迷你連身裙制服。底色為藏青色，搭配紅色寬版皮帶，左胸外口袋上繡有JAL字樣。在JAL的歷代制服中，首次導入絲巾。客艙主管的制服則是藍色皮帶，鞋面上的紅色圓圈裝飾改成銀色，帽子改為單一深藍色，營造出沉穩的氣息。

設計師 森 英恵 **開始啟用** 1970年7月

日本亞細亞航空

日本亞細亞航空（JAA）是JAL的子公司，當初是為了因日中邦交正常化而停飛的臺灣航線所設立。該款制服是1980年代推出的JAA第3代制服，以鮮豔的配色打造出南國風情。

設計師 山本寛斎 **開始啟用** 1980年12月

深藍色針織連身裙上有金色鈕扣、附扣環的紅色皮帶，左胸外口袋的袋蓋上繡有JAL字樣。裙長也從第5代制服的迷你裙改成及膝裙。內搭衣為橫條紋的長袖連身襯衫（有紅白橫條紋、深藍白橫條紋、深藍色素面3種）。也可選擇不穿內搭衣。

設計師 森 英恵 **開始啟用** 1977年10月

東亞國內航空

日本國內航空和東亞航空合併後更名為東亞國內航空（TDA），亦即日本佳速航空（JAS）的前身。自1971年5月合併後，直到確定新制服樣式的同年9月底前，都是沿用舊日本國內航空的夏季制服。亮橙黃連身裙搭配白色的包包和鞋子，對比效果十分鮮明。同時，也導入了當時蔚為風潮的迷你裙造型。

設計師 不明 **開始啟用** 1971年5月

東亞國內航空的第2代制服。有明亮橘色連身裙和兩件式套裝2種，冬天則會再加上同色系的大衣。與初代制服一樣都是迷你裙造型，在當時也成為熱門話題。絲襪為米色，鞋子和包包是黑色。

設計師 不明 **開始啟用** 1971年9月

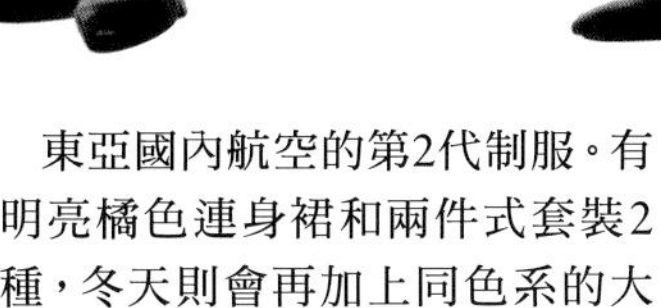

照片中看似藏青色，但實際上是以象徵天空的蔚藍色為基調，且在絲巾和圍裙上以東亞國內航空的主色「紅&綠」作點綴。圍裙後來又改成粉紅和淡藍2種顏色。冬天的帽子是藍色，夏天為白色。為歷代制服中使用時間最長的一款。

設計師 渡辺豊美 **開始啟用** 1975年10月

撤銷航空管制與新航空公司的興起

邁入1990年代後，日本政府逐漸減少對航空業的管制，也開始認可新的航空公司進入市場。AIR DO航空、天馬航空等獨立系航空就是在這個背景下所成立。

航空管制撤銷後，天馬航空於1996年11月12日以第一家獨立系航空之姿問世。若別於ANA、JAL集團，自1961年6月長崎航空（現在的東方空橋航空）成立以來，竟相隔35年之久才又有新的航空公司加入日本的航空業界。天馬航空創立兩天後的1996年11月14日，北海道國際航空（AIR DO航空的原名）也誕生了。這兩家公司與大型航空公司相比能提供更大幅度的票價折扣，因此累積不少人氣。之後，亞洲天網航空（現在的天籟九州航空）、天草航空、Fairinc（現在的伊別克斯航空）等新航空公司也接連登場。

當時新成立的航空公司並非只有獨立系航空，JAL集團也陸續推出了多家新航空公司，J-AIR、日本航空快運、北海道空中系統、日線航空都是在1990年代所設立。這些JAL旗下的航空公司皆是以營運「區域航線」、「北海道內航線」、「度假勝地航線」為主。有些公司後來與JAL合併，至2024年為止只剩下J-AIR和北海道空中系統兩家。

日本航空快運

日本航空快運（JEX）是JAL在1998年設立的航空公司。以「安心」、「休閒」、「清新」為設計概念，推出紅色外套搭配黑色迷你裙的制服，品牌代表色的紅色又被稱為「JEX紅」。外套上只有單顆鈕扣，且位置偏高。內搭是七分袖襯衫，衣領和袖口為白色。JEX當時將CA稱呼為「Sky Cast」。

設計師 松島正樹　**開始啟用** 1998年7月1日

北海道國際航空

1998年開設新千歲－羽田航線的北海道國際航空（AIR DO航空），創立之初的CA制服為吊帶褲搭配運動鞋。當時CA制服＝裙裝套裝的既定印象深植人心，以北海道形象所設計的這款制服雖然打破現有框架，但啟航後一年左右就被汰換掉了。

設計師 不明　開始啟用 1998年12月

丑角航空

由日本佳速航空100%出資設立的子公司。制服是以代表主色「丑角紅」的紅色外套搭配米色下裝。當時日本的航空公司制服大多選擇沉穩的藍色調，因此引發不少話題。髮型也沒有硬性規定，許多細節皆可自行斟酌決定。該公司已於2005年4月30日結束航空運輸的業務。

設計師 Renown　開始啟用 1999年12月

亞洲天網航空

亞洲天網航空（現在的天籟九州航空）成立於1997年7月。以宮崎機場為基地，2002年8月1日開設了羽田－宮崎航線。初代制服為黑裙套裝，絲巾上還印有宮崎縣的縣花「文殊蘭」。

設計師 不明　開始啟用 2002年8月1日

日本航空包機

曾存在於JAL旗下的日線航空，前身即專門經營國際包機業務的「日本航空包機」。由於之前是以度假勝地航線為主的包機航空公司，初代制服的設計充滿著「度假風」。

設計師 永澤陽一　**開始啟用** 1990年

日本亞細亞航空

日本亞細亞航空（JAA）於1991年導入的制服。可能是專營臺灣航線的緣故，舊款的設計洋溢著南國氣息，新制服則讓人耳目一新。千鳥格紋的雙排扣外套上配有金色鈕扣，蝴蝶結絲巾、雙色高跟鞋等造型，與1980年代中後期的「淑女風潮」有關。

設計師 君島一郎
開始啟用 1991年3月

JAL

創下全世界以公開招募方式選定CA制服的首例。軍裝風的雙排扣短外套不只加了墊肩，還有縮腰設計。內搭襯衫印有條紋圖樣，絲巾有蝴蝶結和領帶兩種。制式帽的帽緣較寬，並附鶴丸的帽徽。

設計師 本井重信　**開始啟用** 1988年1月

日本佳速航空

隨著東亞國內航空更名為日本佳速航空（JAS）並進軍國際航線，制服也跟著換上新裝。以和藹可親、溫柔優雅的女性形象為設計主軸的紫藍色套裝，帶給人一種安心、信賴感。帽子中央有個大帽徽，絲巾和圍裙上印有飛機的裝飾圖繪。座艙長為藍色絲巾，其他空服員則是粉紅色，且繫法有統一規定。

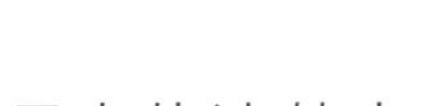

設計師 Hiromi Yoshida
開始啟用 1988年10月1日

ANA

為紀念波音747-400型客機首航而推出的制服，男裝風的造型引起話題。藏青色的細條紋布料，加入墊肩、附金色鈕釦的雙排扣外套及窄裙，隨處可見1990年代的流行元素。襯衫、絲巾、圍裙會配發3款顏色，分別是紫羅蘭色、海藍寶石色和珊瑚粉。一開始原本有制式帽，但已於1998年10月廢除。

設計師 芦田 淳
開始啟用 1990年11月1日

日本越洋航空

日本越洋航空（JTA）於1999年導入的制服，基本理念為「平易近人」、「安心感」和「個性」。當時以在地沖繩為中心招募了20款設計，再由公司員工篩選及透過問卷調查後決定。襯衫的樣式竟然多達4種。

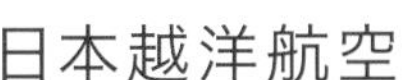

設計師 Mutsuki Kowatari（策劃）
開始啟用 1999年4月1日

JAL和JAS的合併

2000年代對日本航空業界來說最大的事件，就是JAL和JAS合併。以合併為目標先於2002年成立了持股公司，2006年兩家公司完成整合，JAL的全新篇章就此展開。

2000年代以後，航空公司的經營環境日益嚴峻。由於美國在2001年發生了911恐怖攻擊事件，加上2008年的雷曼兄弟事件等原因，不只日本國內航空，就連外資航空公司都接連陷入財務困境。2002年AIR DO航空申請適用民事再生法，天籟九州航空也於2004年接受產業再生機構的經濟支援。此外，JAL在2010年宣布破產，之後透過企業重建才得以重生。

同時也有兩家新的航空公司問世，分別是以北九州機場為基地的星悅航空及以富士山靜岡機場為據點的富士夢幻航空。由靜岡物流企業「鈴與」創立的富士夢幻航空，以「連結地方與地方」為公司宗旨，2015年首度轉虧為盈。

東方空橋航空

前身為長崎航空，2001年才改名成東方空橋航空，制服曾經歷過兩次修改。最左為初代制服，左邊數來第二位是第2代。右邊兩位則是相隔8年後於2020年3月29日推出的現行制服。設計以在地長崎為主題，絲巾上印有五島列島的教堂內可以看到的彩繪玻璃、大村櫻等圖案。不只重視機能性，也考慮到舒適度。

設計師 製造商：SERVO株式會社　經銷商：STAR服裝株式會社　**開始啟用** 2020年3月29日

日本佳速航空

日本加速航空(JAS)最後的制服有冬夏2款。冬天制服為以藍色為基調的背心裙和外套的兩件式套裝。夏天制服與冬天的設計相同，但顏色改以天空為意象的亮藍色，並新增了七分袖的圓領條紋短袖襯衫。絲巾和圍裙有紅、藍、綠三色，上面印有佩斯利渦旋紋。圍裙為無肩帶款，可直接繫在背心裙胸口位置的鈕扣。

設計師 原由美子　**開始啟用** 1997年4月1日

JAL

以「親切和善」為設計主題的午夜藍單排扣套裝，外套上有4顆金色鈕扣和4個外口袋。座艙長則是穿著米色的雙排扣套裝。從第8代制服開始已廢掉制式帽，成為日本航空公司的首例。

設計師 非公開　**開始啟用** 1996年10月

星悅航空

自成立當初就以黑白雙色為代表色系，時尚感十足的制服引發不少話題。第2代制服的概念為「Streamline design」，以品牌主色的黑、白、銀灰為基調，在外套前襟左右相交處及袖口等細部加上流線線條裝飾，展現出優雅的品味。女性制服的品項中有連身裙和背心，男性制服只有背心。

設計師 公司內部的專案團隊
開始啟用 2016年12月17日

ANA

於創立50周年及遷移至羽田機場第二航廈之際，ANA集團的制服也全面統一樣式。不僅能達到品牌的宣傳效果，還可增加ANA集團的整體感。以ANA的經營理念「安心」和「信任」為基礎，再加上「變革」與「創新」的概念設計而成。光看照片或許無法察覺，其實布料中還加了金蔥線的細條紋裝飾。襯衫和絲巾有藍色、紫色2種。

設計師 田山淳朗 開始啟用 2005年5月1日

天馬航空

天馬航空是日本第一家獨立系航空公司，2009年將CA、機師、地勤人員的制服全部汰換成POLO衫。2014年為了宣傳曾推出如照片所示的迷你連身裙，現行制服則是在2016年11月導入。

設計師 不詳
開始啟用 2014年（適用於空中巴士A330的營運航線且僅為期半年）

伊別克斯航空

成立之初名為Fairinc.，2001年將商號名稱變更成伊別克斯航空。現行制服是在創立15周年的2014年4月1日所推出的改版款。空服員的制服造型為連身裙+外套，以海軍藍色為基調，再佐以洋紅色和天藍色作點綴。洋紅色也是該公司的品牌代表色。

設計師 公司內部的專案團隊
開始啟用 2014年4月1日

富士夢幻航空

由深海軍藍色與品牌代表色「夢幻紅」搭配而成的鮮豔制服。空服員（FA）和地勤人員的制服皆出自同一設計理念，可選擇背心裙或褲裝。V領造型的外套和背心裙，讓人印象深刻。雖與地勤人員採共通性的設計，但內搭衣和絲巾的圖案各有不同。

設計師 Midori Terashima（KARSEE KASHIMA株式會社）
開始啟用 2013年10月1日

日空航空

1974年以「日本近距離航空」的名稱創立，1987年將商號更名為「日空航空」，於2012年4月12日被併入ANA。照片中是1998年以來使用的制服，長版造型的外套十分特別，以炭灰色為基調營造出信賴感、一致性與沉穩氛圍。襯衫有乳白色、奶油黃、薩克斯藍共3種顏色。

設計師 安部兼章 開始啟用 1998年4月1日

廉價航空的誕生及現在的航空業界

2010年代日本也有「廉價航空（Low Cost Carrier）」問世，2012年樂桃航空、捷星日本航空、日本亞洲航空三家公司陸續啟航。日本亞洲航空一開始是由ANA和亞洲航空合資成立，後來ANA終止了合作關係。2013年改以新名稱「香草航空」繼續營運，於2019年與樂桃航空合併。另一方面，2014年日本亞洲航空又以亞洲航空集團旗下一員的身分重啟營運，但2020年已退出日本市場。

廉價航空的發展方興未艾，2014年由中國春秋航空等出資成立的春秋航空日本正式開航，2021年被納入JAL集團的子公司，略稱為「Spring Japan」。2020年隸屬JAL旗下，運行中距離航線的廉價航空公司「ZIPAIR」也開始營運。但由於新冠疫情的緣故先改為貨物專用航班，直到2021年才展開載客服務。

歷經2000年代的經營危機和新冠疫情後，航空公司的重組整合也陸續完成。日線航空與日本航空快運被併入JAL集團，日空航空被納入ANA旗下，中部航空、日本航空網絡、Air Next整併合組為新的子公司「全日空之翼航空」；2022年10月3日，北海道的AIRDO航空及九州的天籟九州航空成立了共同持股公司；2024年2月，ANA集團全新推出的中距離國際航線航空公司「Air Japan」完成首航。日本的航空業界歷經戰後近80年來的劇烈變動，今後也將持續面對多變的挑戰。

2019年日本首家廉航「樂桃航空」，已和同為廉航的香草航空正式合併。

香草航空

制服選擇明亮的藍色為基調，再佐以香草航空的代表主色「黃色」點綴。希望「集合眾人齊力構思」的制服專案團隊，針對當時的400名員工進行問卷調查，才得出最終的制服定案。與地勤人員採共通性的設計。香草航空已於2019年11月1日和樂桃航空完成合併。

設計師 公司內部的專案團隊
開始啟用 2013年12月20日

日本亞洲航空

由馬來西亞的廉價航空公司「亞洲航空集團」於2014年設立，制服為品牌代表色的紅色裙裝套裝。附拉鍊的外套及開衩迷你裙，均採用合身的剪裁設計。頭髮不一定要盤起來，也可選擇符合自己個性的妝容，自由度很高。已於2020年12月退出日本市場。

設計師 不詳 **開始啟用** 2014年

樂桃航空

日本第一家廉價航空。2018年為迎接啟航6周年，對現行制服進行小改款。以構成樂桃航空品牌的三大特性為設計主軸，亦即「Charming（自然呈現出的迷人魅力）」、「Imaginative（豐富多樣化的創造力）」、「Genuine（真實、誠摯的呈現）」。襯衫選用了透氣性高、耐用性強的材質製作，紫紅色的外套則採用抗污性佳、具伸縮性且輕盈的質料。制服不僅不容易起皺，穿上後也很方便活動。

設計師 James Wilkie
開始啟用 2012年3月1日。2018年3月1日小改款

捷星日本航空

男性制服為裝飾著橘色線條的針織衫和西裝褲、黑色外套。女性制服則是顯眼的橘色無領外套，下裝可選擇A字裙或褲裝。為捷星集團旗下通用的制服款式。

設計師 Dina Corporate **開始啟用** 2012年7月

ZIPAIR

除了航空業界罕見的不對稱式設計外，還導入了運動鞋、沒有穿著限制的無性別制服。由舉世矚目的時裝設計師堀內太郎負責操刀，在親身至機上和機場訪查了解實際需求後才推出這款設計。且不採配發的方式，而是讓機組人員在成田機場基地的辦公室挑選適合自己尺寸的制服，再前往機上或地面執勤工作崗位。

設計師 堀内太郎 **開始啟用** 2020年10月

天籟九州航空

制服以灰色為底色，加上品牌代表色「開心果綠」的配件小物做點綴，給人清爽、俐落的印象。連身裙外會再搭件外套，且須配戴制式帽，也是目前日本唯一有制式帽設計的航空公司。2022年10月3日，天籟九州航空與AIR DO航空成立共同持股公司並進行整併。

設計師 品牌顧問公司

開始啟用 2011年7月1日

春秋航空日本

以品牌代表色「綠色」為基調，袖口、衣領、口袋等隨處都配有灰色線條的裝飾。質料輕盈、透氣性佳，自行清洗也沒問題。設計的原型是廣蒐全日本服飾設計學校學生的創意而來。CA制服大多選擇優雅別緻的色系，但鮮明的綠色能讓機內增添不少熱鬧的氣氛。

設計師 從全日本服飾設計學校的學生募集構想

開始啟用 2014年8月1日

JAL

2020年4月，JAL的現行制服登場亮相。新制服是由身兼創意總監和設計師的江角泰俊操刀，以「Hybrid Modern Beauty」為設計主題，打造出「時尚洗鍊的複合美學」、「跳脫單一風格的現代美感」。其中最吸睛的就是女性制服的袖子，採用航空制服中極為罕見的燈籠袖設計。同時還導入JAL女性CA制服史上首創的褲裝造型。此外，CA可以自行選擇要高跟鞋以外的鞋款或是鞋跟高度，由此可見制服的樣貌也會隨著時代而變遷。

設計師 江角泰俊　**開始啟用** 2020年4月1日

ANA

如今已深植人心的第10代ANA制服，是以「展現優雅氣質和ANA品牌形象，感受高品質的世界最佳航空公司」為設計概念所製作。作品出自出生於新加坡的尼泊爾裔時裝設計師Prabal Gurung之手，也以曾為美國前第一夫人蜜雪兒、英國凱特王妃等名人設計服裝而廣為人知。自推出以來已使用7年，雖然從旁幾乎看不出來，但其實圍裙的鈕扣位置、皮帶構造等細部都有小改款。就如同ANA一樣，是一款與時俱進的制服。

設計師 Prabal Gurung
開始啟用 2015年2月1日

JAL的前一代制服為因應眾多CA的強烈要求，恢復了連身裙的造型。由於裙子上加了皺褶，活動時也方便許多。CA、地勤人員等集團內的全體同仁，均使用同款設計的制服。不只講究制服的材質，也相當重視功能性。

設計師 丸山敬太　**開始啟用** 2013年6月1日

TOKI AIR

2024年1月31日開航的TOKI AIR，是一家以新潟機場為據點的全新區域性航空公司。2022年11月5日在第一架飛機ATR72-600抵達新潟機場的同時，也首次公開展示了CA制服。

設計師 WWS
開始啟用 2024年1月31日

Column

以「和服」為制服的時代

**以前有過CA穿著「和服」進行客艙服務的時代
而且不只是JAL，連歐洲系航空公司的日本航線
也能看到身穿和服的日本人在機上提供服務**

過往CA曾以「和服」的裝扮為機上乘客提供服務。

JAL從1954年到1990年期間曾在長距離的國際線航班上實

JAL
此為JAL第5代制服時代啟用的菊紋中振袖和服。後來改為二部式和服，稍微縮短了著裝時間。

英國航空
英國航空從前身的BOAC（英國海外航空）時代就開始雇用日籍CA，1960年代也曾讓日籍CA穿著和服接待乘客。

芬蘭航空

芬蘭航空曾於2013年和2014年在飛往日本的航班上推出和服服裝秀。但其實只是不需要加穿襦袢的浴衣，腰帶也是用同塊布料做成，充其量僅能算是由「Marimekko」設計的「和服風服裝」。

施「和服值勤」，由一名輪值的CA穿上和服來接待乘客。當天負責「和服值勤」的CA在上班前，必須先到客艙部的窗口領取和服制服套組，經過簡單指示後即可登機。接下來，竟然得在機艙內的化妝室進行換裝。

曾經歷過這段時期的CA如此說道：

「要一個人在化妝室如此狹窄的空間裡，短時間內換穿以一片布剪裁而成的和服，『和服值勤』說實在很累人。」

穿著和服執行餐飲服務以現實來說是不可能的事，所以「和服值勤」的CA主要擔任發放雜誌或報紙的工作。

實施「和服值勤」的航空公司不僅JAL，歐洲系航空的日本航線也有穿著和服的日本人為乘客提供服務。

英國航空從前身的BOAC（英國海外航空）時代以來就會僱用日籍CA，1960年代也曾讓日籍CA穿著和服接待乘客。當時還準備了顏色、設計各異的款式供CA自由選擇。

1960年代的漢莎航空也有日籍CA穿著和服進行客艙服務。根據1961年被錄取的第一期日籍CA的說法：「頭兩年並沒有發放制服，在機上都是穿著和服。」法國航空的日籍CA，也曾在啟航紀念活動時穿上和服亮相。

就如同我們現在看到泰國國際航空的傳統泰式筒裙、新加坡航空的紗籠卡吝雅，能感受到異國情調般，在機上見到穿著和服的CA也能讓人感受到日本風情。在合理化、效率化浪潮下的航空業界，身穿和服的CA或許很難再見到了。

漢莎航空

漢莎航空的日籍CA，也曾在1960年代穿著和服提供客艙服務。

法國航空

法國航空的日籍CA大合照。每逢遇到宣傳日本航線之類的活動場合，就會穿著和服亮相。

Column

令人懷念的航空公司「泛美航空」

波音747巨無霸客機的啟始客戶 美國最負盛名的航空公司「泛美航空」

應該很多人都還記得電影《神鬼交鋒》（*Catch Me If You Can*）及美國影集《泛美之旅》（*Pan Am*）中，CA穿著藍色制服的畫面吧。「泛美航空」（Pan Am）是從1927年營運至1991年的美國航空公司，1947年就開設了美日航線，比JAL還要早。瑪麗蓮夢露和狄馬喬夫妻造訪日本時，就是搭乘泛美的班機，也是著名紀錄片節目《兼高香世界之旅》的贊助廠商，也曾在大相撲比賽中頒授Pan Am盃，是一家在日本擁有高知名度的航空公司。1966年錄取了第一期日籍CA，直到1986年停飛日本航線為止，都有日籍CA在機上服務。

不愧為名門航空公司，制服當然也是邀請知名設計師來操刀。下方照片是1980年導入制服時的報導，CA制服由Adolfo設計，地勤人員的制服則由Cacharel負責。

刊載於Pan Am機上雜誌《*Clipper*》1980年7月號的制服改款新聞。右頁是CA，左頁是地勤人員。有裙子、連身裙、長褲及多款配件小物，時尚感十足。

泛美日本分公司的離職員工聯誼會，2017年是最後一次舉辦。

第3章
嚴選7家航空公司的歷代制服

日本航空

啟用迷你裙、公開招募設計、導入褲裝
反映時代氛圍與流行的JAL制服

JAL空服員（CA）的制服歷史，起始於15名第一期「空中小姐」（當時對空服員的稱呼）進入公司的1951年。觀察歷代制服，可以發現每一款都將時代背景的元素巧妙地融入其中。

從初代到第3代為止，皆帶有空軍制服的風格。到了第4代，顏色和設計出現巨大變化。第5代採用迷你連身裙造型，並以JAL的品牌代表色「紅色」作為制服主色調。第5代推出時，1970年正值世界博覽會在大阪舉辦，也是日本的高度經濟成長期。於泡沫經濟最盛期登場的第7代導入了當時流行的大墊肩設計，且首次出現雙排扣外套。第8～9代為樸素低調的套裝造型。第10代制服以深藍色為基調並佐以紅色點綴，有一種JAL制服的復古既視感。

2020年4月，由江角泰俊操刀的新制服正式亮相。以「Hybrid Modern Beauty」為設計主題，Hybrid意為透過不同材質和色彩的融合，呈現欲往世界展翅高飛的JAL面對革新的挑戰。該制服在導入前，曾由實際穿著制服的JAL集團員工組成專案團隊，並同時在社群網站徵求各方的意見。是一款由設計師提出構想，廣納外界意見及員工的實際回饋後才完成製作的制服。

以「墨色」為基調，於外套鈕扣、上衣袖口、皮帶等處佐以深紅色裝飾。

第11代

現行制服的設計主題為「Hybrid Modern Beauty」，色調則是用「墨色」來形容最恰當不過的炭灰色。以「墨色」為基調，並在外套鈕扣、上衣袖口、皮帶等處加上深紅色點綴。同時考量到環保，選擇再生聚酯纖作為制服材質。

設計師 江角泰俊　**開始啟用** 2020年4月1日

照片攝於與DC-8同一時期引進的「康維爾880」噴射客機前。康維爾880是首架在日本國內航線運行的噴射客機，機身上還印有「MATSU」、「SAKURA」等暱稱。

CA的現行制服。注目的焦點在於JAL空服員制服首次導入的褲裝造型（左邊第2位）。中央身穿白色外套的是座艙長。

空服員

以空軍為設計靈感的帽子，如護士帽般採中空的圓筒造型。並藉由鑲著一顆珍珠的胸針，將帽子固定在頭髮上。

初代

初代制服其實有3款。分別是銀灰初代1號夏季制服（1951年8月～1952年9月）、空軍藍初代2號冬季制服（1951年10月～1953年5月）、淺藍灰初代3號夏季制服（1953年6月～1953年9月）。初代1號的上衣左胸外口袋繡有JAL胸章，膝下15cm的窄裙側邊有小開衩。頭上的制式帽，則是受到以前國外空姐（舊稱）必須擁有護理師資格的影響所致。由於此款制服為長窄裙造型，上下舷梯時較不方便，因此在短時間內就改款推出大開衩樣式的初代2號。

設計師 門田 稔　**開始啟用** 1951年8月

長裙的側邊有小開衩設計，上衣左胸外口袋的上方繡有JAL胸章。

第3代

外套上的金色鈕扣給人洗鍊的印象。

於DC-8噴射客機首航舊金山時改款推出的制服。延續第2代制服的風格，以皇家藍的無領外套搭配印有JAL標誌的4顆金色鈕扣。裙長改短後，行動上也方便許多。

設計師 伊東茂平
開始啟用 1960年8月

無領外套與筒褶裙的搭配。

第2代

以日本開辦第一條國際航線為契機所導入的制服。與初代不同的是並無夏冬之分，一年四季都通用。筒型帽子有附頂，左前方還別上銀色翼章作裝飾。

設計師 伊東茂平
開始啟用 1954年2月

海軍藍帽戴起來很優雅，帽緣上繡有展翅飛翔的鶴紋。襯衫為開襟樣式。

右胸上別有外圍鑲著珍珠的鶴丸胸針。

客艙主管在頭等艙提供餐飲服務時穿的長版連身裙，有種和服的既視感。當CA穿上優雅的藍色連身裙，機艙內的氛圍也頓時變得活潑起來。設計出自森英惠之手。

搭配兩顆鈕扣的無領外套讓人聯想到前襟左右相交的和服。

圓領外套式襯衫的背面為拉鍊設計。

第4代

在開辦環球行程航線之際所推出的嶄新制服，天空藍的色調給人鮮明感受。如和服般前襟左右相交的外套上有兩顆鈕扣，口袋為附蓋袋樣式。右胸上別著外圍鑲有珍珠的鶴丸圖案胸針，圓頂形制式帽的正面也有鶴丸帽徽。無領外套及圓領造型的外套式襯衫都令人耳目一新。

設計師 森 英惠 **開始啟用** 1967年3月

針織布料的連身裙，絲襪為Christian Dior的產品。連身裙也有短袖的款式。方頭造型的亮漆鞋上裝飾著以太陽旗為意象的紅色圓圈。

第5代

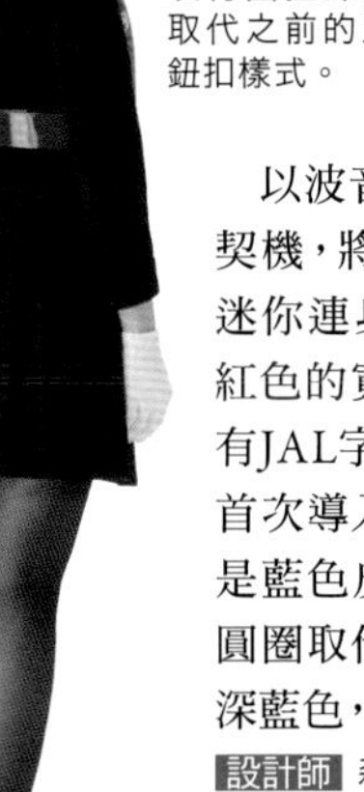

制服的背面照。以背面拉鍊設計取代之前的正面鈕扣樣式。

以波音747巨無霸客機的首航為契機，將制服改成當時正值流行的迷你連身裙。底色為藏青色，搭配紅色的寬版皮帶，左胸外口袋上繡有JAL字樣。在JAL的歷代制服中，首次導入絲巾。客艙主管的制服則是藍色皮帶，鞋面上的裝飾以銀色圓圈取代紅色圓圈，帽子改為單一深藍色，營造出沉穩的氣息。

設計師 森 英惠
開始啟用 1970年7月

制式帽上也有鶴丸圖案，並首次在造型中加入絲巾的穿搭。

第6代

活動方便的針織材質連身裙。皮革製的細皮帶有個金色扣環，上面刻著JAL字樣。絲巾有紅白橫條紋和深藍白橫條紋兩種。由於是長方形的絲巾，除了蝴蝶結外也可選擇阿斯科特領巾等繫法。

連身裙可搭配深藍白或紅白橫條紋的連身襯衫，不穿連身襯衫也行。

深藍色連身裙搭配金色鈕扣、附扣環的紅色皮帶，左胸外口袋的袋蓋上繡有JAL字樣。從第5代制服的迷你裙改成了及膝裙。內搭衣為橫條紋長袖連身襯衫（有紅白橫條紋、深藍白橫條紋2種），不穿內搭衣也行。客艙主管的制服則是深藍色素面的連身襯衫，帽子內側為黃色，搭配深藍色和黃色的絲巾及深藍色皮帶，整體以沉穩的色調為主軸。

設計師 森 英恵
開始啟用 1977年10月

第7代

採縮腰設計的軍裝風外套。將正面的鈕扣繫上，就成了下擺位置落在腰間的短外套。帽子上附有展翅飛翔的鶴丸帽徽。

脫掉外套後，呈現出另一種不同的氛圍。制服的品項中也有背心。

短外套為有明顯收腰設計的款式，腰部和袖口處皆配置著金色鈕扣。

為世界首款透過公開招募遴選出的CA制服。以加了墊肩的雙排扣短外套，營造出軍裝風格。內搭為條紋襯衫，絲巾有蝴蝶結和領帶兩種。制式帽的帽緣較寬，並附鶴丸的帽徽。

設計師 本井重信
開始啟用 1988年1月

外套脫掉後就成了連身裙造型，並搭配紅色的皮帶和線條作點綴。

第10代

在CA的強烈要求下重新恢復了連身裙造型。裙子上加了皺褶設計，行動也更加自如。為了讓人一眼就能識別出是「JAL集團的員工」，因此空服員、地勤人員皆採用同款設計的制服。同時也徹底審查材質和管理方法，以達到降低成本的目標。

設計師 丸山敬太
開始啟用 2013年6月1日

外套為八分袖，並在口袋、袖子、外套下擺加入線條做裝飾。外套和連身裙的左臂、絲巾等處皆可見到鶴丸標誌，十分引人注目。

就算說是OL套裝也毫無違和感。

第8代

以「親切和善」為設計主題的午夜藍單排扣套裝，外套上有4顆金色鈕扣和4個外口袋。座艙長的制服為米色雙排扣套裝。從第8代制服後已廢除制式帽，也是日本航空公司的首例。

開始啟用 1996年10月

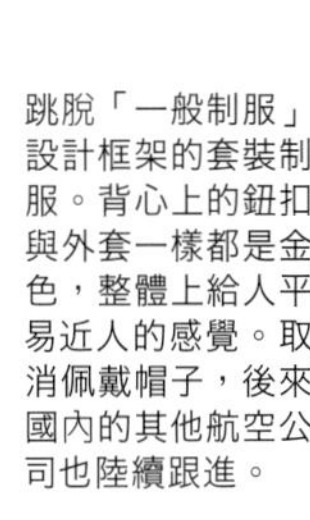

跳脫「一般制服」設計框架的套裝制服。背心上的鈕扣與外套一樣都是金色，整體上給人平易近人的感覺。取消佩戴帽子，後來國內的其他航空公司也陸續跟進。

外套的長度比第8代制服來得短，顯得更為簡潔俐落。

第9代

外套的長度變短，且鈕扣改成3顆，顏色為炭灰色。一般CA的絲巾有粉紅色、藍色、綠色3種，座艙長的絲巾則是深藍底白花紋、白底深藍花紋2種。

開始啟用 2004年4月

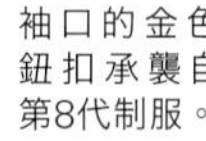

袖口的金色鈕扣承襲自第8代制服。

第3代

襯衫上印有鶴紋。制服的特色是可從色調識別出職種，櫃台人員是深藍色和紅色，一般職員是深藍色和白色制服。

設計師 不詳 **開始啟用** 1974年1月

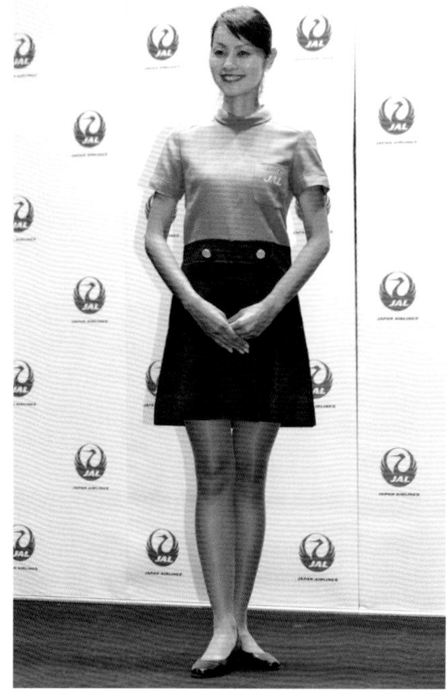

第2代

天藍色與海軍藍的雙色調制服。制服有夏冬之分，為預防寒冷天氣還備有披風。

設計師 森 英恵

開始啟用 1969年6月

初代

地勤人員的初代制服，與第3代的空服員制服是同一款。

設計師 伊藤茂平

開始啟用 1966年

JAS地勤人員的第4代制服。以芥末黃為基調，營造出積極、開朗、親切的整體形象。秋冬兩季會搭配黑色窄裙。

設計師 Hiromi Yoshida

開始啟用 1988年10月

東亞國內航空

日本佳速航空（JAS）的前身「東亞國內航空」的地勤人員制服。橘色的迷你連身裙看起來十分鮮明，設計既時髦又充滿活潑氣息。

設計師 不詳 **開始啟用** 1971年10月

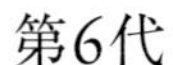

第6代

外套為八分袖，襯衫有短袖和七分袖兩種，顏色有粉紅色和藍色2款。貴賓室服務人員的制服外套則是選用明亮華麗的乳白色，加上櫻花刺繡點綴。

設計師 丸山敬太
開始啟用 2013年6月

第5代

設計理念為「引以為豪的日本傳統，對天空的無盡暢想」。外套採用禮服的「菱紋」編織法製作，絲巾上印有「青海波紋」，代表幸福蔓延至大海及天空的彼端。

設計師 不詳　開始啟用 2000年4月

第4代

制服為藏青色。搭配雙色帽、開衩窄裙及腰身外套，另外還有開襟毛衣。

設計師 島田順子
開始啟用 1988年1月

日本佳速航空

JAS地勤人員的第5代制服，以褐色呈現出沉穩、安定、高級感的氛圍。襯衫有藍色細條紋和薄荷綠2款，並搭配印有飛機圖案的絲巾作裝飾。JAS後來與JAL合併，因此該款制服也成了JAS地勤人員的最後一代制服。

設計師 原 由美子
開始啟用 1997年6月

全日空

CA和地勤人員的制服皆出自同一設計師之手

揭開ANA的CA制服歷史，可以發現自1952年成立以來，CA制服也隨著時代演進不斷地推陳出新，其中最引人注目的莫過於顏色。從以美國空軍女性制服為設計靈感的初代制服開始，主色系一直都是選用ANA的品牌代表色「藍色」。

但在第4代時突然出現轉變，推出了棕色×黃色和藍色×白色（夏季制服）的多彩連身裙制服，而且還是活動方便的針織布料。出自日本知名設計師芦田淳（已故）之手，於1970年大阪舉辦世界博覽會時正式亮相登場。之後「多彩」的趨勢仍繼續沿用，由已故設計師伊藤達也操刀的第5代制服也一次網羅了藍色、米色、橘色3種顏色。第6代制服為米色外套搭配藍裙，採用上下不同顏色和材質的設計手法。

到了第7代則又回歸傳統的深藍色制服。為紀念ANA創立30周年，在改款的同時也首次導入CA制服的經典配件「絲巾」。第8代制服為加了墊肩、附金色鈕扣的外套搭配窄裙，完全反映出1990年代的流行風格。第9代的藏青色細條紋制服廣獲乘客和CA的好評，至今仍是許多CA心目中「最喜愛的制服」。

第10代即眾所周知由Prabal Gurung所設計的現行制服。不僅是歷代制服中第一次起用外籍設計師，在灰底的外套袖子及裙子背面佐以線條裝飾的新穎設計也蔚為話題。

地勤人員的歷代制服。從第2代開始改由與CA制服同一位設計師操刀，整體更具統一感。

ANA在前身「日本直升機運輸」時代的第2代CA制服。ANA的兩碼代號「NH」就是取自日本直升機運輸（Nihon Helicopter）的起首字母。

1970年在大阪舉辦世界博覽會時所導入的迷你連身裙CA制服。

第2代

改採用比初代沉穩的海軍藍色，整體線條也更顯俐落。無領外套與白領襯衫的搭配，給人清秀素雅的感覺。

設計師 ANA員工
開始啟用 1958年9月1日

初代

ANA的前身「日本直升機運輸」為迎接道格拉斯DC-3客機的首航，招募了第一期空服員。當時只開放6個名額，但招考現場卻湧入上千位報名者，成為大眾談論的焦點。初代制服是以美國空軍的女性制服為設計範本，藍色套裝加上貝雷帽的穿搭增添了不少柔和氣息。

設計師 ANA員工
開始啟用 1955年11月15日

第3代

藍色的兩件式套裝，內搭為無領的外套式襯衫。夏季制服為短袖外套。該制服於1966年9月獲頒厚生大臣獎。

設計師 中村 乃武夫
開始啟用 1966年3月1日

第4代

於1970年大阪舉辦世界博覽會之時所導入的制服。採用當時大為流行的A字型迷你連身裙，讓人耳目一新。夏季制服為清爽的藍色和白色，冬季制服則是黃色和褐色的鮮明對比。擔綱設計的芦田淳（已故）也是日本最具代表性的時裝設計師，也曾經手打造皇室女性成員的服裝。

設計師 芦田 淳
開始啟用 1970年3月1日

第5代

引進洛克希德L-1011三星客機之際所推出的修改款，又被稱為「三星風格」。有藍色、米色、橘色3種顏色，還可自行選擇裙子或是喇叭褲，在當時蔚為話題。

設計師 伊藤達也
開始啟用 1974年3月10日

第6代

配合波音747SR（巨無霸客機）的首航，CA制服也全面換新。採用重視機能性的休閒風設計，襯衫、箱褶裙和小帽子各有藍橘2種顏色。

設計師 三宅一生
開始啟用 1979年1月25日

第7代

為紀念ANA創立30周年而進行改款的制服。藏青色雙排扣套裝是經過全體CA投票決定的設計原型，也是ANA制服史上首次有絲巾登場。

設計師 芦田 淳
開始啟用 1982年12月1日

第8代

為紀念波音747-400型客機首航而推出的制服，男裝風的造型引起話題。藏青色的細條紋布料，加入墊肩、附金色鈕扣的雙排扣外套及窄裙，隨處可見1990年代的流行元素。配發的襯衫、絲巾、圍裙有3款顏色，分別是紫羅蘭色、海藍寶石色和珊瑚粉。原本還有制式帽，但已於1998年10月廢除。

設計師 芦田 淳 **開始啟用** 1990年11月1日

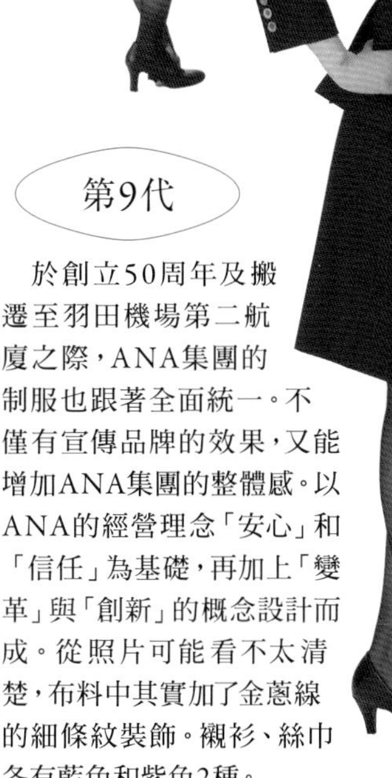

第10代

2012年在ANA創立60周年時所發表的新制服。歷代制服中首次起用外國設計師，因此引發話題。襯衫有藍色2款及粉紅色1款；圍裙有藍色2款和粉紅色2款；絲巾有藍色1款和粉紅色1款，品項相當豐富。外套的袖子和裙子背面還佐以藍色線條點綴，讓人一眼就能辨識出是ANA。

設計師 Prabal Gurung
開始啟用 2015年2月1日

第9代

於創立50周年及搬遷至羽田機場第二航廈之際，ANA集團的制服也跟著全面統一。不僅有宣傳品牌的效果，又能增加ANA集團的整體感。以ANA的經營理念「安心」和「信任」為基礎，再加上「變革」與「創新」的概念設計而成。從照片可能看不太清楚，布料中其實加了金蔥線的細條紋裝飾。襯衫、絲巾各有藍色和紫色2種。

設計師 田山淳朗
開始啟用 2005年5月1日

地勤人員

1968年ANA首次招募地勤人員，至2022年為止共歷經6次制服改款。

ANA等於藍色的印象已深植人心，但從1972年導入的第2代制服到1982年開始啟用的第4代制服，卻加入了「紅色」的元素。同一時期，ANA的CA制服也採用了橘色、黃色、藍色等明亮的顏色。此時正值高度經濟成長期，時裝界的潮流以鮮明多彩的色調為主，因此ANA地勤人員的制服也如實反映了當下的流行趨勢。

此外，帽子也是一大特色。除了以休閒風格為主軸的第3代制服以外，初代到第5代制服都必須配戴制式帽。事實上帽子是正式服裝中不可或缺的單品，各國的皇室成員在正式場合也一定會戴上帽子。以往並不像現在一樣，任何人都能輕易搭乘飛機，而有種「空中旅行是特別體驗」的感覺。ANA的地勤人員之所以要佩戴帽子，也有向旅客致意的意思。

值得注目的還有設計師。初代制服以外的所有制服，皆與CA制服是同一位設計師。正因如此，即便地勤人員的制服擁有獨特的設計風格，也仍能維持ANA的一致感。

藍色的初代制服，與制式帽同樣顏色。

背面照。裙長在膝蓋上。

脫掉外套的模樣。內搭是由白色和淡藍色拼接而成的外套式襯衫。

外套式襯衫的背面有鈕扣。

初代

1968年ANA開始在羽田機場和伊丹機場聘僱地面服務員（現在的地勤人員）。初代制服採用了當時流行的貝雷帽，連同外套、裙子都是藍色系。而且也只有初代制服統一以藍色單一色調為主。偏大的衣領和荷葉邊拼接設計的外套很有女人味，下裝為窄裙。

設計師 Nippon Uniform Center
開始啟用 1968年7月

第2代

以創立20周年為契機，將制服全面換新。夏天是鮮綠色短袖連身裙，冬天為「番茄紅」長袖連身裙。制式帽也有夏冬兩季之分。

設計師 芦田 淳
開始啟用 1972年6月

夏天是綠色的連身裙，制式帽則採用符合夏日風情的草帽材質。

腰部位置有黑白線條裝飾，看起來清爽俐落。

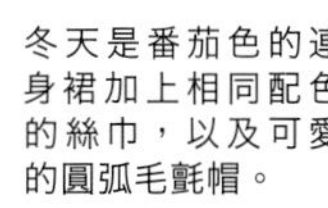

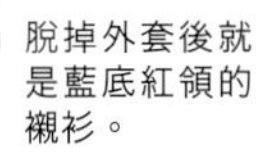

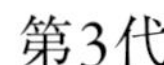

冬天是番茄色的連身裙加上相同配色的絲巾，以及可愛的圓弧毛氈帽。

脫掉外套後就是藍底紅領的襯衫。

第3代

於波音747SR型客機首航之際所導入的制服。為裙子搭配短外套的另類制服造型，休閒風格的設計及配色令人耳目一新。

設計師 三宅一生
開始啟用 1978年6月

紅色短外套與百褶長裙的搭配很有特色。

休閒風格的短外套如今看來依然很有新鮮感。

背面照。

外套裡面可以
穿著背心。

金色雙排扣外套讓
人印象深刻。

不穿背心
也OK。

與CA採共通設
計的箱褶裙。

第4代

為迎接創立30周年，在更新機身設計的同時也將制服一併改頭換面。與空服員的制服一樣皆改為金色雙排扣外套和箱褶裙，完全反映了80年代流行的服裝風格。

設計師 芦田 淳
開始啟用 1982年12月

灰色無領外
套上印有格
紋圖案。

第5代

配合波音747-400型客機（高科技巨無霸）的啟航，制服也煥然一新。顛覆至今為止ANA制服給人的印象，變成了沉穩的深色系。襯衫和絲巾則有粉紅色、藍色、綠色3種顏色。

設計師 芦田 淳
開始啟用 1990年11月

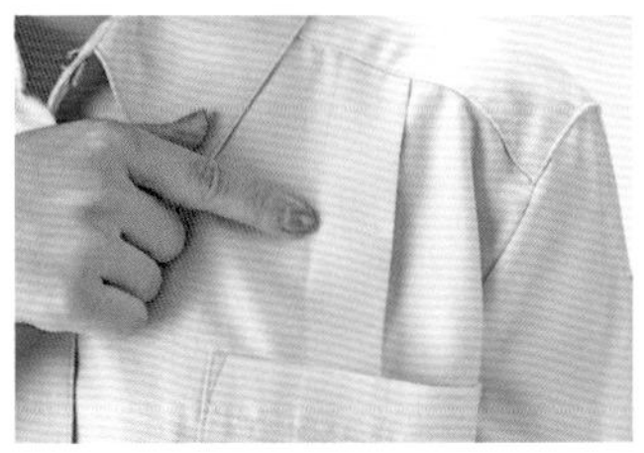
胸口上繡有「ANA」的字樣。

內搭是淡藍色
的有領襯衫，
絲巾也採用相
同的色調。

繫上金色鈕扣的圓領背心十分吸睛。

ANA集團的制服皆為統一設計。

第6代

於創立50周年及遷移至羽田機場第二航廈之際所推出的新制服。以增加ANA旗下5家公司的一體感為目的，將使用15年的制服全面換新。外套的布料上有細條紋裝飾，襯衫和絲巾可從藍色、粉紅色2款中自由選擇。

設計師 田山淳朗
開始啟用 2005年5月

外套的布料還加了金蔥線的細條紋裝飾。

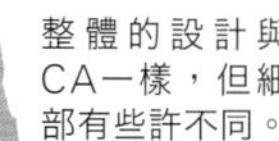

整體的設計與CA一樣，但細部有些許不同。

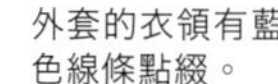

外套的衣領有藍色線條點綴。

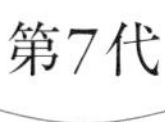

內搭的襯衫上有藍色直向線條。

第7代

在創立60周年時首次亮相的現行制服。整體以品牌代表色的藍色線條作點綴，一眼就能辨識出是ANA。襯衫和絲巾有藍色、粉色2種。設計出自Prabal Gurung之手，也是首次起用外國設計師的日本航空公司。

設計師 Prabal Gurung
開始啟用 2015年2月

背面照。

嚴選7家航空公司的歷代制服

法國航空

由Dior、Balenciaga、Patou等知名設計師打造出的「衣櫥」

法國是引領全球潮流時尚的中心，而法國最具代表性的航空公司「法國航空」很早就意識到，制服是吸引顧客目光且能傳遞品牌形象的重要工具，因此長久以來都是邀請法國及巴黎廣為人知的高級訂製服品牌或設計師來操刀制服。身上穿著由Christian Dior、Cristobal Balenciaga、Nina Ricci及製作現行制服的Christian Lacroix等知名設計師經手的時尚服裝，在世界各地飛來飛去的法國航空空服員，其實也身兼法國時尚大使的任務。

自1978年第5代制服推出以來，一直是以「衣櫥」為設計理念，可從多款單品中依照自己的個性選擇搭配。不只外套、下身、內搭衣，連絲巾、手套、皮帶等小配件也能依喜好挑選。讓每一位空服員找出最適合自己的風格，穿出時髦有型的制服品味。

攝於巴黎艾菲爾鐵塔前的法國航空和聯合航空空服員，他們身上分別穿著由Cristobal Balenciaga設計的制服，及由Jean Louis操刀的迷你連身裙制服。

由Christian Dior所設計的1960年代制服。

1946年第一次雇用女性空服員時所設計的制服。在此之前的空服員皆由男性擔任。原型為紅十字會的制服，以藏青色的毛料外套和裙子搭配成套裝，內搭為白色府綢襯衫，且貝雷帽有規定的配戴角度。該款制服在1948年曾進行小改款。

設計師 Georgette Rénal　**開始啟用** 1946年

第2代

1951年推出的制服是能顯現出女性線條的套裝。纖細的腰身、膝下長度的窄裙，都是當時的流行趨勢。1954年的改款也是出自同一位設計師。

設計師 Georgette de Trèze

開始啟用 1951年

1955年新增了襯衫連身裙作為夏季制服，由Maison Virginie所負責設計。顏色採用淡藍色，材質輕盈且容易清洗。還有同色系的帽子。

第3代

首次委由世界知名高級訂製服品牌所設計的制服。夏季淡藍色連身裙、冬季深藍色套裝的衣領皆有縫線跡，腰帶、襯衫胸口的蝴蝶結裝飾則是以日本的和服腰帶為設計靈感。透過複雜的剪裁做出外面看不到的隱形口袋，利用縫褶勾勒出腰部曲線讓人乍看之下以為是兩件式套裝，從諸多細節都能看出高級訂製服品牌的製作技術。

設計師 Christian Dior (Marc Bohan)
開始啟用 1963年

第4代

「由最能讓女性穿出美感的傳奇設計師」Cristobal Balenciaga負責操刀。淡粉色和薩克斯藍的夏季套裝採用短袖&迷你裙的造型，完全走在潮流的最前面。冬天為藏青色的套裝，並首度嘗試加入靴子、手提包等小配件。Cristobal Balenciaga在設計這款制服時，還曾希望「能讓3000名空服員每一位都先試穿過」。

設計師 Balenciaga　**開始啟用** 1969年

協和號客機專用制服

為紀念1978年引進超音速客機「協和號」而推出的協和號客機專用CA制服。設計出自Jean Patou之手。

甚至還有協和號報到櫃台的地勤人員專用制服，協和號客機的特殊性由此可見一斑。

第5代

首次導入「衣櫥」的概念，可從各式各樣的單品中自由選擇搭配，打造個人的穿衣風格。同時一改以往設計優先的做法，開始採用能兼具活動方便等機能面的材質。設計的主題為紅色和藍色的千鳥格紋。法國航空的制服，基本上是以白色、紅色、藍色（深藍色）為主。

設計師 Carven　**開始啟用** 1978年

第6代

1987年，法國航空分別向Louis Féraud、Carven、Nina Ricci三家時裝品牌提出製作制服的委託。當各式各樣的造型提案一字排開，還真讓人不知該如何挑選。Carven的連身裙是以藏青色為底色，搭配白領、白袖口及細條紋領結，在空服員間獲得壓倒性的好評，並持續使用了18年。Louis Féraud設計的制服為清新的三色襯衫連身裙，緞帶則可當作時髦配件來運用，繫在前面或是打成領帶都行。

設計師 Carven、Louis Féraud　**開始啟用** 1987年

在UTA、法國內陸航空陸續與法國航空合併後，法國內陸航空的制服也被法國航空納入了空服員的「衣櫥」。照片中的兩件式藍色套裝及紅色連身裙，就是由Nina Ricci設計的法國內陸航空制服。

設計師 Nina Ricci
開始啟用 1997年

第7代

以法國航空的基本色「深藍色」為基調，在裝飾腰帶、手套、皮帶等細部佐以紅色作點綴。外套共有3種長度，長褲、裙子、連身裙、天藍色的針織衫或襯衫等內搭衣也有好幾種款式，可自由選擇打造多樣的穿搭風格。將「衣櫥」的概念發揮到極致，單品的數量多到讓其他的航空公司難以望其項背。

設計師 Christian Lacroix　**開始啟用** 2005年

被收編至「法國航空」旗下的法國內陸航空制服

法國內陸航空在1997年時被併入法國航空，照片中是自1969年以來使用了13年的制服。出自高級訂製服品牌的設計師、曾經手打造碧姬芭杜等名人服飾的Jacques Esterel之手。橘色的迷你連身裙為背部拉鍊設計。除了裙裝外，還有褲管剪裁寬鬆的「喇叭褲」。

漢莎航空

以歷代不變的精緻剪裁套裝展現出剛健質樸的德國特質

漢莎航空的制服，用一句話來形容就是「剛健質樸」。自創立以來，顏色和裙長雖有變化，但一直維持著西裝外套的造型，而且啟用期間都很長。現行制服從2001年推出至今已20餘年，前一代的制服也從1987～2000年使用了13年之久。但樣式並非一成不變，前一代制服和現行制服都曾在襯衫、緞帶等處做了些小變動。

質料和剪裁的精緻度也是無與倫比。由於試穿時會進行細部的調整，所以就如同量身訂製般地完全合身。選擇品質優良可長期使用的制服，正是漢莎航空的作風。

就連發放的體制也很「剛健質樸」。制服並非完全以出借的方式，而是由員工從每個月累積下來的公司補助金自行選購所需品項。此外，很早就在女性CA制服中增加了褲裝選項，且在執行機內服務時可以配戴眼鏡，也都很符合德國人講究實際的個性。

於慕尼黑啤酒節期間啟用的民族服飾。每年的設計其實都有些微不同。

剛受訓完的新進CA大合照，1955年攝於康維爾CV-340客機前。

現行制服須配戴無帽簷的小型平頂帽，又被稱為「藥盒帽」。

由於南方國家航線的擴展，為配合氣候首次導入充滿熱帶氣息的制服。稍微帶點綠色調的藍灰色，看起來很漂亮。

設計師 不詳 開始啟用 1961年

綠松色的南國風制服。搭配著當時最流行的藥盒帽，讓人印象深刻。

設計師 不詳 開始啟用 1965年

設計由Heinz Oestergaard操刀。以深藍色套裝搭配高雅的白色襯衫，加上如馬術帽般的帽子，展現出1950年代的經典服裝風格。

設計師 Heinz Oestergaard 開始啟用 1955年

頭等艙空服員（FA）的制服。西裝外面會再穿上一件斜紋軟呢外套，同時搭配白色手套，造型十分優雅。

設計師 Ines Schueler 開始啟用 1958年

現行機師制服也是深藍色西裝＋白襯衫的組合，能給人強烈的信賴感。

由柏林的設計師Werner Machnik負責操刀，以附披風的制服展現出1970年代的風格。採用鮮明亮眼的黃色和藍色，相當吸引人目光。

設計師 Werner Machnik　**開始啟用** 1970年

出自Strenesse之手的系列作品。深藍色套裝與白襯衫、黃色配件、藥盒帽的搭配，營造出雅致的美感。

設計師 Strenesse
開始啟用 2001年

嚴選7家航空公司的歷代制服

義大利航空

義大利是與法國並列的時尚大國。義大利的載旗航空公司「義大利航空（ＡＺ）」，一路以來都是邀請Mila Schön、Giorgio Armani等義大利著名的時裝設計師來操刀製服。在委託Giorgio Armani設計制服時，當時任職ＡＺ常務董事的Ferrucio Pavolini曾經說道：「義大利航空應該要隨時展現出義大利最出色的設計與文化。」

ＡＺ制服的最大特徵就是「綠色」。綠色在義大利是代表年輕的顏色，也是大家最愛的制服色系。ＡＺ的制服中也經常採用綠色，自１９８０年後「綠色」更是必備的元素。另外國旗顏色之一的紅色，也是很常出現的色調。由此可見，ＡＺ制服的顏色組成完全是符合義大利人的喜好。

將義大利最出色的設計與文化
完美呈現在制服上

初代

1946年義大利政府和英國歐洲航空合資成立「義大利國際航空」，並於引進DC-4客機的同時招募了第一批空服員。1957年與義大利航空（LAI）合併，公司外文名稱改為「Alitalia-LAI」。初代制服為海軍藍色，搭配白色襯衫及箱褶裙。

設計師 Sorelle Fontana
開始啟用 1950年

第2代

第2代制服為天藍色，且須配戴制式帽。

設計師 Delia Biagiotti
開始啟用 1960年

第5代

由Mila Schön操刀設計的紅色大衣，此款紅色又被稱為「滿洲紅」。

設計師 Mila Schön
開始啟用 1972年

第4代

設計出自Mila Schön之手。版型偏小的外套、大衣、迷你裙和靴子的穿搭十分時髦，充分展現出義大利航空的風格。

設計師 Mila Schön
開始啟用 1969年

第3代

第3代制服以海軍藍色為基調，U領外套看起來很優雅。

設計師 Tita Rossi
開始啟用 1966年

第6代

為無領外套搭配A字箱褶裙的70年代風格，皮帶扣環上還刻有義大利航空的標誌「A」。

設計師 Alberto Fabiani
開始啟用 1973年

第7代

鮮紅色的套裝被取名為「POMEGRANATE RED」（石榴紅）。此段期間的制服改款相當頻繁。

設計師 Florence Marzotto
開始啟用 1975年

第8代

無領外套的顏色是採用義大利人最愛的制服色系「綠色」。內搭為淡藍色襯衫和綠色背心，亦可繫上白色絲巾點綴。

設計師 Florence Marzotto
開始啟用 1980年

第9代

以深藍色和綠色的條紋裙，搭配帶綠色裝飾的深藍色外套。內搭為白襯衫，胸前口袋及袖口處有綠色和深藍色的線條。領口會繫上深藍色的蝴蝶結。

設計師 Renato Balestra
開始啟用 1986年

第10代

剪裁優美的苔蘚綠制服，出自義大利最具代表性的設計師Giorgio Armani之手。設計理念為「沉穩優雅的義式風格」。

設計師 Giorgio Armani
開始啟用 1991年

第11代

一般空服員為綠色的外套，機上的日籍口譯人員則是海軍藍色外套。義大利航空於2009年完全民營化，公司外文名稱改為「Alitalia-SAI」。

設計師 Mondrian
開始啟用 1998年

第12代

2014年義大利航空被納入阿提哈德航空的傘下，當時負責設計阿提哈德航空制服的是義大利設計師Ettore Billota。

設計師 Ettore Billota
開始啟用 2016年5月

第13代

於脫離阿提哈德航空後所推出的新制服。由世界知名的義大利設計師Alberta Ferretti操刀，以「Benessere（健康幸福）」為主題概念。隨著義大利航空的落幕，該款制服也走入了歷史。

設計師 Alberta Ferretti
開始啟用 2018年

嚴選7家航空公司的歷代制服

大韓航空

制服從藍色和紅色到被譽為「制服名作」的米色系

大韓航空創立於1969年，隨著時代潮流演進，空服員的制服也歷經了11次變更。

1969年到1970年代可以說是「制服的劇烈變化期」，制服前後共改款7次。那時大韓航空正致力於將航線網路擴展至美國、中東和歐洲，以奠定全球化的發展基礎，並且順應流行的趨勢，採用迷你裙作為空服員的制服。

到了1980年代，又分別於86年舉辦亞洲運動會、88年舉辦漢城（現名首爾）奧運，持續朝國際化邁進。大韓航空也在80年代中後期首次委託外籍設計師來操刀制服。

1991年到2005年是大韓航空的成長期。不僅航點遍及全球五大洲，還曾獲得「最佳航空美食」大獎，同時也是天合聯盟（Sky Team）的創始會員。在此期間所製作的第10代制服持續使用了14年之久，直到2005年才由世界知名設計師Gianfranco Ferré（已故）推出新制服。設計的品項從頭到腳全包含在內，絲巾、髮帶等配件也一應俱全，在韓國又有「制服名作」之稱。

初代

初代制服是由1960年代～1970年代在韓國開設西服店、被稱為「西服大師」的Song Ok所設計。採用紅色作為制服的主要色調，在當時可是劃時代的創舉。內搭為米色的無領襯衫，亮點在於衣領和左胸位置佐以深藍色、褐色的線條裝飾。推出後獲得極大的迴響，甚至成為其他業界的模仿對象。

設計師 Song Ok

開始啟用 1969年～1970年2月

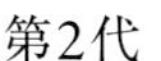

第4代

在引進波音747客機、開設橫越韓國及太平洋的航線時推出的制服。制服有藍色和淺黃色2款，由迷你連身裙搭配外套和帽子。整體看起來優雅端莊又有女人味，帽子的曲線造型帶有柔和感，並首次將絲巾加入搭配的單品。

設計師 Song Ok
開始啟用 1973年1月～1974年4月

第2代

第2代制服是明亮的深藍色迷你連身裙，也可搭配外套。裙長稍短但兩端有加育克，即便在機上也能行動自如，因此廣受空服員的好評。另外還有白色手套。

設計師 不詳
開始啟用 1970年3月～1971年6月

第5代

以群青色的毛織外套搭配同色系的單褶裙，及印有當時大韓航空標誌「天鵝」圖案的白襯衫，再繫上白色、紅色、淺綠色、深藍色相間的花紋絲巾。

設計師 不詳
開始啟用 1974年5月～1976年5月

第6代

為大韓航空機上雜誌《*Morning Calm*》創刊時的制服，當時的季刊如今已改為月刊。深藍色外套與同色系的裙子展現出端莊形象，並以白色襯衫搭配印有大韓航空標誌的絲巾點綴。考量空服員的移動方便性，因此採用短袖襯衫和及膝褶裙。也是睽違約2年，又恢復配戴帽子的造型。

設計師 不詳　**開始啟用** 1976年6月～1977年12月

第3代

1972年為紀念飛往美國的定期航班正式啟航而製作的新制服，由初代制服的設計師Song Ok負責操刀。藏青色的外套上有金色鈕扣點綴，並搭配同樣色系的A字裙。襯衫有高領及圓領2種。

設計師 Song Ok
開始啟用 1971年7月～1972年12月

第9代

在1986年舉辦亞洲運動會、1988年舉辦漢城奧運，朝著全球化持續邁進之際所導入的新制服。由美國的Joyce Dixon負責製作，也是首度起用外國人設計師來操刀。紅色外套是採用華達呢布料。附拉鍊的七分袖連身裙兼具機能性，活動輕鬆自如。

設計師 Joyce Dixon
開始啟用 1986年4月～1990年12月

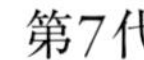

第7代

於巴林、吉達、科威特、阿布達比等航線開航，航點陸續擴展至中東地區時所推出的制服，且再次交由初代制服的設計師Song Ok操刀。深藍色的外套和裙子雖看似保守，但襯衫上印有紅色和深藍色的波浪花紋。當時廣受好評，並被外界認為是「大韓航空制服的劃時代改變」。

設計師 Song Ok
開始啟用 1978年1月～1980年3月

第8代

為大韓航空啟用太極旗作為新標誌時的制服，色調中的紅色、藍色和白色也與太極旗相同。以背心裙搭配白色襯衫，再繫上印有大韓航空英文字樣的絲巾。外套左胸上還裝飾著紅色口袋巾，令人耳目一新。制服持續使用了6年左右，在當時是所有制服中穿著最久的一款。

設計師 不詳
開始啟用 1980年4月～1986年3月

第11代

以「提供世界最高水準的設計和服務」為宗旨，委請已故的世界知名設計師Gianfranco Ferré操刀。制服的基本色選用給人晴朗秋天天空印象的青磁色和米色，連髮簪、絲巾等配件小物也統一色調。首次導入褲裝的造型，引發不少話題。為歷代制服中啟用時間最久的一款。

設計師 Gianfranco Ferré
開始啟用 2005年3月～現在

第10代

使用超過14年以上的第10代制服，是來自韓國設計師 Kim Dong Soon 的作品。以空服員的意見為基礎，最終才從9個設計提案中選出。為藏青色的外套、裙子、背心搭配白色襯衫的套裝風格，印有大韓航空標誌的蝴蝶結絲巾十分吸睛。鈕扣、姓名胸章等細部皆以金色作點綴，營造出高級的質感。

設計師 Kim Dong Soon
開始啟用 1991年1月～2005年2月

嚴選7家航空公司的歷代制服

夏威夷航空

夏威夷的花、鳥及夏威夷風拼布 充滿南國風情的夏威夷制服

夏威夷航空的歷史相當悠久，1929年1月30日的成立初期名為島際航空（Inter-Island Airways Ltd.），1941年才改為現在的名稱。1943年招募第一期空服員，同時也揭開制服的歷史序幕。

自成立以來超過20年以上都是傳統的套裝制服，直到1968年才導入以「Flower Power」為主題的花紋A字型迷你裙，1971年也曾推出嬉皮風格的制服而引起話題。之後則維持一貫的夏威夷風格，以夏威夷海島或夏威夷風拼布為制服的設計靈感。空服員還會戴上新鮮雞蛋花的髮飾，充分展現出夏威夷的風情。

第二次世界大戰期間，由於戰火激烈暫時禁止女性CA上機服務，因此只剩下男性CA。當時的制服為夏威夷襯衫搭配白色長褲。

The first graduating class of "Airline Hostesses" wore sharp grey hats and jackets trimmed with black stripes. The suit was a blend of wool. Yellow sharkskin blouses were worn in the winter.

1943

1943年在引進座位數24席的DC-3客機時，雇用了首批空服員。制服為灰色的裙裝套裝，加上白色襯衫內搭及軍裝風帽子。

設計師 不詳 **開始啟用** 1943年

在創立90周年的紀念航班上，曾讓CA穿上歷代制服提供服務。

於引進DC-9客機時所改款的制服。鮮明的藍色套裝是以羊毛華達呢布料製成。沒有佩戴帽子時，依規定必須在頭髮插上雞蛋花做裝飾。
設計師 Hino(夏威夷時裝品牌)
開始啟用 1966年

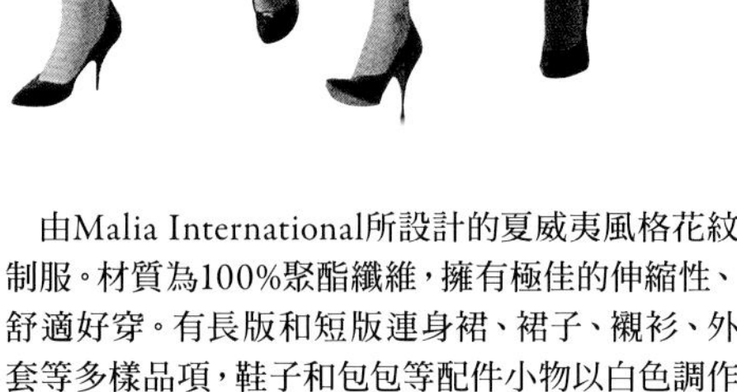

1958年推出了淡藍色套裝搭配帽子的制服，外套為七分袖。另外還有雞蛋花造型的耳環。
設計師 不詳
開始啟用 1958年

1961年制服的色調被改成藍色，帽子的形狀也做了更動。
設計師 不詳
開始啟用 1961年

由Malia International所設計的夏威夷風格花紋制服。材質為100%聚酯纖維，擁有極佳的伸縮性、舒適好穿。有長版和短版連身裙、裙子、襯衫、外套等多樣品項，鞋子和包包等配件小物以白色調作為主軸。
設計師 Malia International
開始啟用 1974年

由舊金山遠近馳名的美籍設計師Richard Tam操刀的制服。兩件式套裝、白色皮帶及繫帶涼鞋、頭巾等，處處都能見到70年代大為流行的嬉皮元素。裝飾配件的金色長吊墜，則以代表力量和幸運象徵的魚作為造型。
設計師 Richard Tam
開始啟用 1971年

以被命名為「Sky」的朱槿紅色製成的鮮豔制服，是為了紀念創立50周年所推出。除了照片中的長版連身裙外，還有過膝連身裙、蘭花紫色連身裙等20幾種品項。

設計師 Apparel Division (I Am!)、(Malia International)
開始啟用 1979年

於創立60周年時導入的制服。女性CA制服除了照片中附同布料腰帶的襯衫連身裙外，還有襯衫+裙子的款式，兩者都會再披上外套。當時也開始雇用男性CA，男性CA的制服為淡紫色襯衫搭配灰長褲。

設計師 不詳　開始啟用 1985年

1992年新亮相的女性CA制服為V領+雙排扣的連身裙，另外還有從夏威夷風拼布得到設計靈感的花紋連身裙。男性CA的襯衫上，則印有以夏威夷各主要島嶼皆能見到的海鳥「Iwa」為主題的圖案。

設計師 不詳　開始啟用 1992年

2017年登場的現行制服，是以夏威夷航空的品牌代表色「紫色」和藍色為基調。設計的主題為「Kū Mākou」（意為攜手共進），創作靈感則來自夏威夷傳統技藝的竹製印章「' Ohe Kapala」及夏威夷的原生植物「火山花」。

設計師 Affinity Apparel公司、設計工作室「Sig Zane Kaiao」、夏威夷航空40名員工組成的委員會共同製作　開始啟用 2017年

Column

打造航空制服的時裝設計師們

樹立國家威信形象的航空制服
出自Christian Lacroix、Vivienne Westwood等
世界知名設計師之手

航空公司的制服，尤其是在第一線面對乘客的空服員（ＣＡ）和地勤人員，不僅代表著航空公司本身，也是一種體現企業形象的廣告宣傳。因此每家航空公司都很重視制服的製作，甚至在設計上賭上國家的威信傾力打造。光從在時裝界留名青史的一流設計師，大多都參與過航空制服的製作就足以印證這點。接下來將以設計師們繪製的草圖為基礎，介紹各家航空公司的制服及其背後操刀的設計師。

法國航空 × Christian Lacroix

法國航空和中國東方航空都曾委託Christian Lacroix設計制服。Lacroix出生於法國亞爾，索邦大學畢業後進入愛馬仕當插畫師，之後在高級訂製服品牌Jean Patou擔任主任設計師。１９８７年自創品牌，被喻為是20世紀中後期高級訂製服品牌的翹楚，美國時尚雜誌《VOGUE》曾以「在時裝界掀起一股新旋風」來描述Lacroix。近年來與「Desigual」、「Petit Bateau」等服飾品牌的聯名合作，也都蔚為話題。

由Christian Lacroix手繪的法國航空現行制服設計圖。只要對照158頁的照片，就能知道他的發想創意已如實地被重現出來。

維珍航空 × Vivienne Westwood

2022年12月29日傳出辭世消息的英國時裝設計師Vivienne Westwood又有「龐克教母」之稱，也曾打造過維珍航空的制服。

Westwood出身農家，為家中的長女。後來與曾擔任龐克搖滾樂團「Sex Pistols」的經紀人Malcolm McLaren合作推出以皮革、橡膠等材質製成的服裝，一躍成為時代的寵兒。1992年獲頒大英帝國官佐勳章，準備前往舉行頒獎典禮的白金漢宮，在她大幅旋轉身體時，被成排的攝影師拍到裙底竟沒穿內褲，引起眾人一片震驚。是一位堅持叛逆精神，勇於打破既有觀念的行動主義者。而她所設計的維珍航空制服，於2022年9月推出了「性別中立」的制服選項，能依照個人的性別認同及喜好選擇制服樣式。

Vivienne Westwood的手繪設計圖。

義大利航空 × Alberta Ferretti

2021年宣告破產的義大利航空（Alitalia-SAI），已改由新成立的「ITA航空」接手經營。2018年11月才導入的制服僅啟用三年多的時間，當時經手義大利航空最後一款制服的設計師就是Alberta Ferretti。

Alberta Ferretti繪製的義大利航空制服設計圖。

Ferretti出生於義大利亞得里亞海的沿岸小鎮「里喬內」。18歲時開設一家西服店，販售Giorgio Armani等義大利知名品牌的服裝，後來才轉職成為設計師。是一位意志堅強的女性，深信「世界上沒有做不到的事情」。

荷蘭皇家航空 × Mart Visser

操刀荷蘭皇家航空制服的Mart Visser，是荷蘭相當知名的時裝設計師。1993年以自己的名字創立了品牌，公司的規模也持續在擴大中。

3家航空 × Ettore Bilotta

若要談到最近的航空制服，就不能不提Bilotta這號設計師，他是曾經手阿提哈德航空、義大利航空（※）、土耳其航空這3家公司制服的時裝設計師兼科技繪圖專家。

Bilotta從羅馬的歐洲設計學院畢業後，進入米蘭的高級訂製服品牌Raffaella Curiel工作，後來又回到羅馬與Lancetti共事並開始涉足中東市場。2005年以自己名字成立的個人品牌正式問世。完成義大利金融警察的制服改款後，收到阿提哈德航空邀請操刀現行制服的設計。2016年在義大利航空的設計競賽中取勝，並參與該公司的新制服設計。於2017年2月的米蘭時裝週中成功舉辦了成衣時裝展，接著在2018年接下土耳其航空的制服設計案。

※義大利航空於2016年5月至2018年11月期間所啟用的制服。

Ettore Bilotta在經手義大利航空制服時繪製的設計圖。

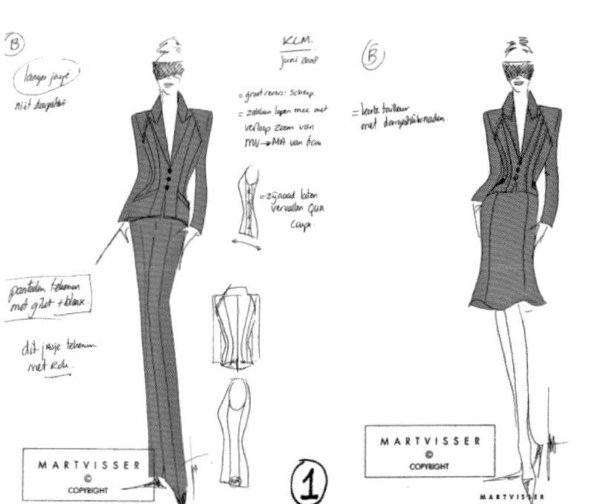

Mart Visser於設計圖中清楚標示出想要呈現的輪廓。

堀內太郎繪製的ZIPAIR制服設計圖為象形圖風格。

ZIPAIR×堀內太郎

ZIPAIR是JAL旗下營運中長距離航線的廉價航空，由經營時裝品牌「th」的堀內太郎設計制服。堀內太郎於1982年在東京出生，2007年以第一名的成績畢業於安特衛普皇家藝術學院，在義大利和日本都獲得許多獎項的肯定。設計ZIPAIR的制服時，曾親自到機場、機上實際觀察CA和地勤人員工作的樣子。至於導入球鞋作為制服用鞋的理由，則是「看到員工穿著高跟鞋奔跑的模樣後，為了改善這點所以推出球鞋。同時考量到安全上的問題，採用鞋帶和魔鬼氈並存的設計」。

捷藍航空×Stan Herman

要說最擅長制服設計的人，除了美國時裝設計師Stan Herman以外別無他人。連麥當勞、FedEx、艾維士租車等企業的制服都出自Herman之手，廉價航空「捷藍航空」的制服也是由他操刀。

由Stan Herman手繪的捷藍航空制服設計圖。

西班牙國家航空 × Teresa Helbig

西班牙國家航空的新制服，由於捨棄傳統樣式改採街頭休閒風格的設計，一時蔚為話題。負責設計的就是僑居巴塞隆納的西班牙設計師Teresa Helbig。Helbig的母親原本就從事裁縫，她自幼就對時裝十分感興趣。最後從29位設計師中脫穎而出，成功拿下西班牙國家航空的制服設計案。也是西班牙國家航空首次交由女性擔綱制服設計。

加拿大航空 × Christopher Bates

加拿大航空的新制服是委由Christopher Bates設計。Bates本身是加拿大人，後來才前往義大利米蘭學習時裝設計。除了成衣外，也經手鞋子的設計。他所設計的服裝，全都是在義大利的工廠生產製造。

TERESA HELBIG
para
IBERIA

西班牙國家航空的制服是由Teresa Helbig所設計。

CHRISTOPHER BATES × AIR CANADA
CHRISTOPHER BATES × AIR CANADA

加拿大航空的制服設計圖。在眾多變形人像的設計圖中，Christopher Bates繪製的插圖最接近實際的人體比例。

荷蘭皇家航空將舊女性制服的布料加工使其氈化，做成肩背包和收納包。

由達美航空與Looptworks聯名推出，使用舊制服改造而成的包款。

Column

順應時代的潮流 制服也要跟著升級再造

將原本應該要廢棄的舊制服
和磨損到無法再穿的制服
回收改製成包包等配件販售

一旦成為規模龐大的航空公司，擁有超過５０００名ＣＡ也不足為奇。經常會有因磨損而無法再使用的制服，甚至改款時一次就得扔掉上萬套舊制服的情形。在致力於推動「永續發展目標」（Sustainable Development Goals,SDGs）的航空業界，也已經有航空公司將制服列入「ＳＤＧｓ」的範疇內。

２０１８年導入新制服的達美航空，為避免多達１００萬套舊制服和新制服試作品遭到廢棄，因此採取捐贈及升級再造、降級再造的方式來處理。他們與經營材料回收再利用的公司「Looptworks」合作，將15萬噸以上的舊制服升級再造改製成斜背包、托特包等產品。所謂的升級再造，就是把廢棄物品加工，改頭換面變成新的製品；降級再造即原本的物品回收後再循環利用。

荷蘭皇家航空則是將舊女性制服的布料透過氈化過程的加工後，改製成肩背包和收納袋，並且在公司的網路商店進行販售。

至於日本方面，ＪＡＬ選擇以再生聚酯纖維的材質來製作制服，星悅航空則是積極導入降級再造。此外，ＡＮＡ從２０２２年５月以來開始販售利用維修技師工作服所製成的托特包，預計一年推出３次，且每次的設計款式皆不一樣。首次推出時，在活動當天就已銷售一空。

ANA將維修技師的工作服回收後製成托特包販售。

第4章
日本的航空制服 2023

JAL
日本航空
Japan Airlines

以「Hybrid Modern Beauty」為主題
並將SDGs納入考量的集團通用制服

[空服員]將前一代原本取消的圍裙，再次加入制服的品項中。為避免穿脫時破壞髮型，正面設有拉鍊，背面則以鈕扣固定在腰部。圍裙的花紋與絲巾一樣。

[地勤人員]首次在地勤人員的制服中導入連身裙造型。從背面看時，紅色皮帶及裙上的紅色線條很引人注目。

[空服員]連身裙搭配紅色的皮帶。燈籠袖的設計在全世界的CA制服中十分罕見，恰到好處的蓬鬆程度也不會在服務時造成妨礙。

2020年4月新制服登場
首次在CA制服中導入褲裝造型&燈籠袖並恢復圍裙
機能工作服則由DESCENTE Japan擔綱設計

JAL的現行制服自2020年4月推出以來，已相當為人熟知。設計出自江角泰俊之手，以「Hybrid Modern Beauty」為設計主題，Hybrid意為不同材質和色彩的融合，呈現朝著世界展翅翱翔的JAL所面臨的革新與挑戰。

在導入該款制服前，先由實際啟用制服的JAL集團員工組成專案團隊，並在社群媒體上尋求各方的意見。是一款由設計師提出構想，廣納外界意見及員工的實際回饋後才完成製作的制服。

此外，也將永續發展目標「SDGs」放入考量之中。首先是選用再生聚酯纖維作為制服材質，同時請負責製作制服的供應商，加入致力於管理及改善勞動條件的全球性線上平台「Sedex」，並且須通過SMETA（Sedex成員道德經營審查）以確認有無惡劣危險的工作環境或雇用童工。不光只是制服的設計，也關注於環境保護和社會責任等相關議題。

空服員

空服員（CA）的外套又分為一般空服員用和座艙長用，共有2種款式。

一般空服員的制服，不論男女都是採用「墨色」般的炭灰色。以「墨色」為基調，並在外套鈕扣、上衣袖口、皮帶等處加上深紅色做點綴。以那霸機場為基地的日本越洋航空和琉球空中通勤，在夏天還會換上期間限定的「沖繩衫」。

於新制服導入前舉行的發表會。

JAL集團的制服皆為統一樣式，但每家航空公司的絲巾顏色各有不同。

在發表新制服時，也因推出JAL史上頭一遭的女性褲裝造型，引發不少話題。此外，要選擇高跟鞋以外的鞋款或是鞋跟高度，都可交由CA自行選擇，由此可見制服的樣貌也會隨著時代改變。

地勤人員

地勤人員的制服，男女皆以深海軍藍為基本色調，加上JAL的品牌代表色「紅色」點綴。同時為因應「現場地勤人員的強烈要求」，在女性制服的品項中新增加了連身裙。

江角泰俊以20種顏色手繪的多彩絲巾，也成為該款制服的一大特色。地勤人員的絲巾有2款，貴賓室服務人員和接待人員的絲巾在顏色、圖案上也都各有不同。由於是縫製成長方形的大絲巾，使用上相當方便。此外連身裙上留有絲巾的通孔，除了繫在脖子上之外也可嘗試不同的搭配方式。

其他職種

機師、機坪作業人員、航空維修技師的制服也跟著換新。航空維修技師的制服為灰底搭配紫色，機坪作業人員為海軍藍色搭配紅色，雖然色調和設計依職種而異，但綜觀整體一眼就能辨識出是「JAL」的制服。這種「一致性」的感覺，正是JAL在設計制服時的重點。

維修技師和機坪作業人員的制服是由DESCENTE Japan負責。以鶴丸標誌為設計靈感的大膽創新設計，打造出兼具運動服飾的機能性及線條立體有型的制服，同時也推出女性機師的制服。只有絲巾是出自操刀CA和地勤人員制服的設計師江角泰俊。

擔綱設計的是時裝品牌「EZUMi」的設計師江角泰俊。

JAL旗下以沖繩為基地的日本越洋航空和琉球空中通勤，在夏季期間會換上沖繩衫（Karyushi Wear）。這款夏季正式服裝是為了沖繩的酷熱天氣而設計，「Karyushi」在沖繩方言中代表「吉祥」之意。所有的沖繩衫都是在沖繩縣內生產製造。

空服員

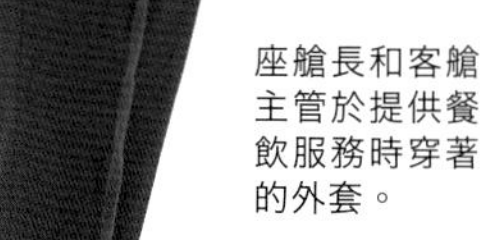

座艙長和客艙主管於提供餐飲服務時穿著的外套。

男性CA在提供餐飲服務時啟用的背心和圍裙，背心的右側還加了線條點綴。

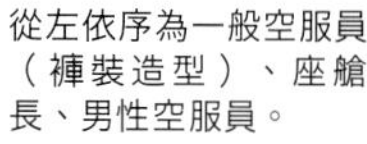

從左依序為一般空服員（褲裝造型）、座艙長、男性空服員。

制服的背面照。外套後方的開衩處採用JAL的品牌代表色「紅色」作為強調色。

DATA

開始啟用 2020年4月 **設計師** 江角泰俊

配發品項 《女性一般CA、座艙長》外套、連身裙、皮帶、襯衫、長褲、絲巾、圍裙。座艙長和客艙主管送餐時的專用外套。鞋子自備 《男性一般CA》外套、西裝褲、襯衫（短袖、長袖）、領帶、背心、圍裙。鞋子自備 《女性一般地勤人員》外套、連身裙、裙子、長褲、絲巾、襯衫（白色、粉紅色、長袖、短袖）、背心、皮帶 《男性一般地勤人員》外套、背心、襯衫（藍色和白色）、領帶、西裝褲、皮帶

地勤人員

地勤人員的套裝造型。

貴賓室服務人員的制服，為柔和色調的粉紅米色無領雙排扣外套。

褲裝造型。附領背心的版型比以前略為寬鬆，長褲也選用較不凸顯腿部和臀部曲線的設計。

男性地勤人員啟用的外套和西裝褲。男性制服上也有紅色線條裝飾，紅色領帶也很搶眼。

沖繩地方的地勤人員在夏天會穿上「沖繩衫」。

VIP接待服務人員的外套是奶油米色。

駕駛員

男女通用設計的機師制服。沿襲JAL集團的傳統設計樣式，但也很重視活動的方便性。採用可防靜電的導電纖維製作，以加強制服的機能性。

全新推出的女性駕駛員制服。外套為剪裁俐落的單排扣款式，除了傳統的領帶外還導入了絲巾。以紙鶴展開圖為設計主題的絲巾圖案，與空服員、地勤人員同樣都出自江角泰俊之手。

日本越洋航空、琉球空中通勤的機師「沖繩衫」，連駕駛員的制服也有沖繩衫造型。

航空維修技師

航空維修技師的制服。連身服為DESCENTE Japan的設計作品，是一款兼具外觀與功能性的「機能工作服」。

雨衣、禦寒外套等皆選用世界頂級的防水透濕布料，由mont-bell擔綱設計。

機坪作業人員

機坪作業人員的制服，在設計、品質、機能上皆與維修技師的制服相同。除了連身衣外，還新增能對應各種作業環境的兩件式工作服。

機坪作業人員的制服中，也包含雨衣、防寒外套、寒冷地區禦寒外套等品項，均由mont-bell負責設計。

060004

ANA
全日空
All Nippon Airways

背面以代表ANA的藍色線條裝飾
版型剪裁俐落合身的制服

[空服員]男性CA在機上服務時須穿上背心，但沒有圍裙。

[地勤人員]穿上背心的模樣，背面有代表ANA的藍色線條。

[空服員]圍裙又分為藍色（素面、斜紋軟呢花紋）和粉紅色（素面、斜紋軟呢花紋）各2款，總共有4種。依規定穿藍色內搭衣時搭配藍色圍裙，穿粉紅色內搭衣時搭配粉紅色圍裙。

ＡＮＡ史上首次起用外籍設計師
ＣＡ和地勤人員都是穿著
以灰色為基調搭配藍色線條的集團共通制服

２０１５年2月初登場的ＡＮＡ現行制服，如今已相當為人熟知。品牌概念為「挑戰Challenge、安心Confidence、以客為尊Hospitality」。空服員、地勤人員、貴賓室服務人員的制服，皆統一以「展現優雅的ＡＮＡ品牌形象，感受全球最佳航空公司至高品質」的理念來設計。於外套袖子和裙子的背面、男性領帶上，都能看到代表「ＡＮＡ」的藍色線條。在推出新制服前，曾成立一個以制服啟用部門的員工為中心的特別工作組，針對舒適度、方便性等各方面積極採納員工的意見。

該款制服也是ＡＮＡ首度採用外籍設計師的作品，因此引發不少話題。擔綱設計的Prabal Gurung是一路從亞洲走向世界舞台，目前以紐約為據點進行活動的新銳設計師。在設計時大膽加入從ＡＮＡ品牌代表色所衍生出的「藍色線條」，讓世界各地的人一眼就能辨識ＡＮＡ的制服。

空服員

ＡＮＡ旗下航空公司的ＣＡ全都穿著同樣的制服（廉價航空的樂桃航空除外）。

透過ＣＡ制服的外套袖子和裙子背面的藍色線條，呈現出ＡＮＡ的品

機師的制服為金色雙排扣外套。副機長的袖口上有3條槓，機長有4條槓。

牌形象。地勤人員的制服也一樣是以灰底搭配ＡＮＡ的藍色線條作為設計主軸，但位置和設計有些微差異。另外從旁幾乎看不出來，圍裙的鈕扣位置和皮帶構造等處都有小改款。就如同ＡＮＡ一樣，制服也不斷在與時俱進。

地勤人員

地勤人員制服的設計理念為「身為面對乘客的第一線工作人員，能讓人聯想到空中旅行情景的制服」。女性地勤人員的制服在衣領周圍有藍色線條裝飾，希望旅客從抵達機場後最先遇到的地勤人員身上，就能感受到即將展開的歡樂飛航旅程。

除了短袖襯衫外還導入了七分袖款，並以藍色和粉紅色的斜紋軟呢花紋營造出「優雅」及「女人味」。同時也提供女性褲裝的選項。男性制服則是在領帶、外套和襯衫的背面加入藍色線條。ＡＮＡ集團的地勤人員制服皆採用共通設計。

其他職種

機師、維修技師等其他職種的制服，並沒有在２０１５年同步更新。

擔綱設計的Prabal Gurung是出生於新加坡的尼泊爾裔時裝設計師，又以曾為美國前第一夫人蜜雪兒、英國凱特王妃等名人打造服裝而廣為人知。

機坪作業人員的制服是上下分開的兩件式工作服。襯衫共有3種，分別是夏天的薄短袖、薄長袖及冬天的厚長袖。夏天的薄短袖已於2020年改採新的布料製作。

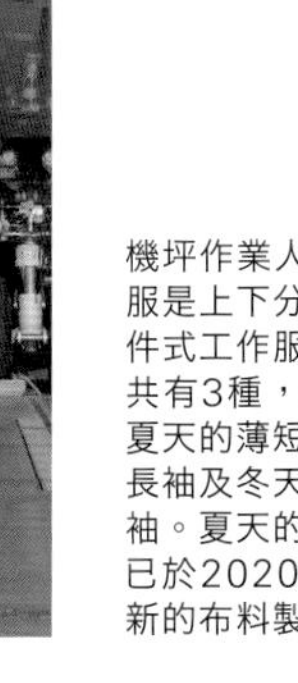

維修技師的連身工作服是以代表ANA的藍色為主色。

空服員

剪裁合身的制服，最大的特徵即背面的藍色線條裝飾。

餐飲服務結束後於機內穿著的客艙制服，男女皆採用共通的設計。

襯衫為短袖造型。又分為藍色2款和粉紅色1款，總共有3種。

餐飲服務結束後於機內穿上的客艙制服。

內搭為短袖襯衫。領帶上的圖案有橫條和直條2款，照片中為直條款。

男性空服員制服為傳統的單排扣西裝，外套背面的衣領下方有藍色線條裝飾。

地勤人員

藍色的斜紋軟呢花紋襯衫搭配長褲。

曲線合身的地勤人員制服，衣領有藍色線條裝飾。設計時希望能讓旅客感受到「歡樂的飛航旅程」。另有褲裝造型。

以灰色為基調的男性制服，背面的藍色線條看起來很有時尚感。

負責ANA鑽石會員和頭等艙的貴賓接待人員制服。

脫掉外套後的模樣。襯衫有長袖和短袖2款，領帶上的藍色直向細線條十分醒目。

DATA
開始啟用 2015年2月1日
設計師 Prabal Gurung
配發品項 《女性CA》外套、裙子、皮帶、襯衫（藍色素面、藍色斜紋軟呢花紋、粉色斜紋軟呢花紋）、絲巾（藍色花紋、粉色花紋）、圍裙（藍色素面、藍色花紋、粉紅色素面、粉色花紋）《男性CA》外套、背心、襯衫、西裝褲、領帶（2款）、皮帶、客艙制服《女性地勤人員》外套、背心、襯衫（七分袖和短袖、藍色斜紋軟呢花紋、粉色斜紋軟呢花紋）、裙子、長褲、絲巾（藍色、粉紅色）《女性貴賓接待人員》外套、襯衫（七分袖和短袖、粉色斜紋軟呢花紋）、裙子、絲巾（粉紅色）《男性地勤人員》外套、襯衫（短袖和長袖）、西裝褲、領帶（2款）

ADO
AIRDO航空
AIRDO

開航20周年之際將4職種的制服全面換新
以花、雪、海等北海道的雄偉自然為主題

[地勤人員]與CA一樣都有連身裙的造型，但腰帶扣環和袖口的設計不同。

[空服員]圍裙有綠色&海軍藍及薰衣草紫&灰色2款。蝴蝶結的背面和正面為不同顏色。

[空服員]短袖襯衫＋領帶＋西裝褲＋背心。領帶有「具信賴感的深海軍藍」和「雅致時尚的銀灰」2款，並以反白顯示AIRDO的標誌。

[地勤人員]外套＋長褲。地勤人員也有褲裝造型，且品項的數量比CA來得多。

[空服員]外套口袋上以翅膀為意象的深海軍藍色線條十分搶眼。

「平易近人的ＡＩＲＤＯ藍」「具信賴感的深海軍藍」「雅致時尚的銀灰」讓人印象深刻的三色制服

２０１８年12月為迎接開航20周年，ＣＡ、地勤人員、機師、維修技師等４個職種約６００名的員工制服也全面換新。制服的設計理念是展現ＡＩＲＤＯ作為「北海道之翼」的獨一無二性，打造符合各職種特性的機能，以期能最大限度地提高工作績效。

制服的設計選用品味優雅「具信賴感的深海軍藍」、清爽俐落「平易近人的ＡＩＲＤＯ藍」和「雅致時尚的銀灰」，絲巾、領帶、裙子的開衩處還有品牌代表色的藍色或黃色點綴。

空服員

女性ＣＡ制服的亮點即ＡＩＲＤＯ首次導入的２款連身裙，穿著時會搭配散發高雅沉穩氣質的半正式外套。男性ＣＡ是西裝外套加上背心的傳統造型，內搭為寬領且衣領與衣身不同顏色的牧師襯衫。

同時還推出２款領帶、３款絲巾及２款圍裙，並以北海道的自然美景「花、雪、海」及躍動感為設計主題。至於單品的搭配方式，則交由每個人自由發揮。

男女制服的基本色皆為「雅致時尚的銀灰」和「具信賴感的深海軍藍」。高雅的衣領設計及翅膀曲線的口袋都很吸睛。

航空維修技師的連身服以藍色為主軸，胸前和腿部為AIRDO的代表色，背面印有明顯的AIRDO標誌。材質的挑選重點在於伸縮性、吸水快乾等功能，讓維修工作即便在酷熱、嚴寒的環境下也能順利進行。

女性制服由野田智子（上）負責設計，1991年進入株式會社三越，目前仍在株式會社三越伊勢丹外商統括部擔任設計師。男性制服出自岡義英（下）之手，1990年曾入選We Design Contest·Recruit UF Contest。進入制服公司後，即以設計師的身分活躍於業界。

地勤人員

地勤人員的基本色為「平易近人的ＡＩＲＤＯ藍」和「具信賴感的深海軍藍」。女性制服的外套和內搭針織衫、男性制服的外套和扣領襯衫都是採用「ＡＩＲＤＯ藍」。

女性制服與ＣＡ的不同處，在於連身裙、長褲、裙子及下身的品項較多。除了絲巾外，還有搭配針織衫的胸花裝飾，這也是地勤人員制服的一大特色。男性制服的襯衫為鈕扣領樣式，而且是衣領、袖口顏色與衣身不同的牧師襯衫。

機師和航空維修技師

航空維修技師和機師的制服，皆改採注重伸縮性、吸水快乾等功能的材質。機師制服是開航以來的首次換裝，航空維修技師制服距離上次的變更也已相隔13年。

機師制服為雙排扣外套。與舊款制服相比，剪裁變得俐落許多。改採輕量材質的同時，也強化伸縮性及吸濕等功能。

空服員

男性制服的基本造型為襯衫＋西裝褲＋背心＋外套。外套內通常會穿著背心。

連身裙有「具信賴感的深海軍藍」（右）及銀灰×深海軍藍2款。流線型的袖子是以翅膀作為意象。絲巾有藍色、粉紅色、紫色3款。

短袖襯衫＋圍裙。男性的圍裙只有1款，為前後顏色各異的雙色調設計。

從連身裙後方的開衩處，隱約可以見到足以代表AIRDO品牌的淡藍色和黃色。

地勤人員

七分袖針織衫＋胸花＋裙子。針織衫上的雪結晶圖案是以北海道閃閃發光的「海和雪」為設計靈感。

外套＋裙子的造型。外套採荷葉邊設計，且在腰部位置拼接不同的顏色。裙子為兩側開衩的箱褶裙，走動時很方便。

藍色外套搭配深海軍藍色的領帶。與男性CA不同，沒有搭配背心。

男性地勤人員的制服為扣領襯衫，是衣領、袖口顏色與衣身不同的牧師襯衫。領帶有雪結晶圖案和深海軍藍素面2款。

DATA

開始啟用 2018年12月20日
設計師 野田智子（女性制服）、岡義英（男性制服）
配發品項 《女性CA》外套×2、連身裙（2款）×3、絲巾（3款）×各1、圍裙（2款）×各1、鞋子×2《男性一般CA》外套×2、西裝褲×4、襯衫（短袖、長袖2款，可自由搭配）×6、領帶（2款）×各1、背心×2、圍裙×2《女性地勤人員》外套×2、短袖針織衫（2款）×3、七分袖針織衫（2款）×2、連身裙×1、裙子×2、長褲×1、絲巾×2、胸花（2款）×各1、鞋子×2《男性地勤人員》外套×2、西裝褲×3、扣領襯衫×6（短袖×3、長袖×3）、領帶（2款）×各1、皮帶×1

SFJ
星悅航空
Star Flyer

黑×銀、流線型的細部設計
CA&地勤人員通用的時尚制服

長褲＋背心。

以「多元的制服穿搭風格」廣受好評的連身裙。

以品牌代表色的黑、白、銀為主軸。座艙長、主管階級地勤人員的制服是附衣領及袖口的造型，並搭配專屬的絲巾款式。

背心＋裙子。絲巾除了繫在脖子上外，也可利用隱藏在外套或背心衣領處的通孔嘗試不同的打法，讓頸部周圍顯得清爽俐落。

一般CA及地勤人員的造型。

連身裙的背面照。

星悅航空目前的第2代制服，是由公司內部組成的新制服專案團隊所設計。制服的設計理念為「Streamline Design」，除了統一以黑白色系做搭配外，衣領、袖口處還有銀色的流線裝飾。為了讓乘客「感受到星悅航空始終如一的殷勤款待」，CA及在機場工作的地勤人員皆採通用的制服款式。

專案團隊不只著重於制服的設計，也將員工的意見回饋實際反映在新制服上。例如堅持選擇具伸縮性的材質讓活動更自如，運用立體剪裁展現出曲線的美感。女性制服的內搭衣，則從以往的襯衫換成方便舒適的針織衫。

短袖襯衫＋背心。

背心的腰圍可自行調整。

一般男性CA和地勤人員的制服是以「正裝」為設計概念的西裝造型。一般CA、地勤人員的制服與座艙長、主管階級地勤人員的差異處，只在於領帶上的花樣不同。

DATA

開始啟用 2016年12月17日(星悅航空創立紀念日)

設計師 SFJ制服專案團隊

配發品項 《女性一般CA、地勤人員》外套×3。從①長褲、②裙子、③連身裙、④背心中依個人喜好配發。針織衫（七分袖、短袖）×6、絲巾（大尺寸2款、長方形1款）各×1～2　※座艙長用阿斯科特領巾×2《男性一般CA、地勤人員》外套×3、背心×2、西裝褲×3、襯衫×6（可選擇長袖或短袖）、一般用領帶×2、口袋巾×1　※座艙長用領帶×2

SKY
天馬航空
Skymark

集結員工的創意想法
藏青色×黃色的制服

背心＋裙子。襯衫只有茄皮紫一種顏色。

外套＋裙子。採用伸縮性佳、方便活動且不易變形的材質。

也有長褲造型，可依個人喜好自由選擇。

連身裙造型很受FA的歡迎。整體線條十分流暢，但考量機艙內的活動性，所以腋下和腰部位置的剪裁較為寬鬆。

天馬航空的現行制服是在2016年11月所推出。公司於2015年曾申請適用《民事再生法》。2016年不僅是創立20周年，同時也是民事再生手續結束的「重振旗鼓之年」。

由於「希望員工能參與自身制服的製作」，因此在公司內部徵求設計提案，從約40件的設計圖中，雀屏中選的作品是來自當時任職於神戶機場支店的山中哲馬。接著以空服員（FA）為中心組成專案團隊，並在（株）UNITED ARROWS的監修下針對機能性等各方面進行評估後，完成制服的製作。FA和地勤人員的制服為共通款式。

背心＋西裝褲。背心的口袋上有黃色線條裝飾。

男性制服以深藍色為基調，再加上品牌代表色的黃色作點綴。為外套、襯衫、西裝褲搭配領帶、背心的套裝造型。

男性為半身圍裙。

與雀巢聯名合作的圍裙。

DATA
開始啟用 2016年11月2日 設計師 天馬航空員工 山中哲馬、㈱UNITED ARROWS
配發品項 FA、地勤人員共通《女性》外套、連身裙、背心、襯衫（八分袖、短袖）、裙子、長褲、絲巾（2款）。鞋子自備《男性》外套、背心、長褲、襯衫（長袖、短袖）、領帶（2款）

FDA
富士夢幻航空
Fuji Dream Airlines

藏青色的外套及下裝搭配
搶眼的紅色皮帶和蝴蝶結

背心裙＋紅色針織衫的造型廣受FA的好評。搭配紅色皮帶，側邊還有紅色細線條裝飾。

活動自如的背心裙，背面有開衩設計。

外套＋背心裙＋紅色針織衫的組合。外套的鈕扣只有紅色腰帶線條上一處，袖口可反折成七分袖。

外套為立領樣式，紅色的滾邊和腰帶風線條也很吸睛。

富士夢幻航空（FDA）的現行制服是2013年10月所導入的第2代。以海軍藍色為基調，加上品牌代表色的「富士紅」作點綴，五顏六色的絲巾是以FDA各式各樣顏色的機身為設計靈感。地勤人員的內搭衣為白色襯衫，CA則是針織衫。針織衫有白色和紅色2款，觸感滑順又具快乾性。CA和地勤人員的下裝，都有背心裙和喇叭褲2款。套裝的材質有67％是採用以回收寶特瓶等廢棄物製成的再生聚酯纖維，是一款將環境永續也納入考量的制服成品。

白色針織衫＋長褲＋圍裙的組合。白色針織衫的袖口有紅色線條裝飾。

紅色針織衫＋背心裙＋圍裙。搭配紅色蝴蝶結。

針織衫的領口較淺，但為了穿脫方便在背面設有拉鍊。

地勤人員的外套內是搭配白色襯衫。

DATA
開始啟用 2013年10月
設計師 Midori Terashima（KARSEE KASHIMA株式會社）
配發品項 《女性CA》外套×2、短袖針織衫（白、紅）×各3、背心裙或長褲×3、皮帶×1、絲巾（2款）×2、圍裙×2

SNJ

天籟九州航空

Solaseed Air

連身裙、制式帽及開心果綠絲巾的穿搭廣受好評

2011年7月1日，亞洲天網航空啟用了新的品牌名稱「天籟九州航空」，由日文的「天空（Sora）」和英文的「種子（Seed）」組成，意為「在空中散播微笑的種子」。同時將標誌、機身塗裝、CA和地勤人員制服等設計全面換新。

當時導入的現行制服是以灰色為基調的連身裙和外套，並佐以品牌代表色「開心果綠」的小配件裝飾。外套為無領樣式，圓弧形的下襬剪裁給人「平易近人」、「柔和」的感覺。

最大的特徵是制式帽，為目前日本僅存有配戴制式帽的航空公司。在機場只要見到制式帽，就能馬上辨識出是「天籟九州航空」。

[空服員]連身裙＋外套＋制式帽，胸前配有口袋巾。是目前日本唯一CA有戴制式帽的航空公司。在機上會脫掉帽子，僅座艙長須戴帽迎接乘客登機。

[空服員]貼合身形又具機能性設計的簡單樣式連身裙，搭配絲巾更顯優雅氣息。

[空服員]雅致的炭灰色圍裙，胸口上印有天籟九州航空的標誌。

[地勤人員]地勤人員的制服有長褲和裙子，但沒有連身裙和制式帽。

DATA

開始啟用 2011年7月1日

設計師 品牌顧問公司

配發品項 《女性一般CA》連身裙×6、外套×2、絲巾（2款）×共計3、制式帽×2、制式帽徽章×1、品牌承諾徽章（※或是胸徽章）×1、圍裙×3《男性一般CA》外套×2、背心×2、襯衫×8、領帶（2款）×共計3、西裝褲×3、品牌承諾徽章（※或是胸徽章）×1、圍裙×3

ORC
東方空橋航空
Oriental Air Bridge

融入大村櫻、彩繪玻璃等元素以「長崎」為主題的連身裙制服

2020年3月29日，時隔8年的新制服正式亮相。由品牌代表色的藍綠雙色連身裙，搭配深藍色外套及絲巾。絲巾有3個款式，上面有五島列島教堂內的彩繪玻璃、被指定為國家天然紀念物的「大村櫻」等以在地長崎為主題的設計圖案。

為避免制服的袖口在機上提供飲料服務時碰到紙杯，因此將新制服的外套改成無袖口的樣式。同時採用具伸縮彈性的材質兼顧功能性與舒適性，好穿又方便活動。

連身裙＋外套。外套的袖口反折即可變成七分袖，整體搭配給人時髦又正式的感覺。

絲巾也可繫在衣領位置的通孔上。

連身裙中央的線條代表「成長與挑戰」之意。

及膝的連身裙採用具伸縮性的布料，活動上很方便。

DATA
開始啟用 2020年3月29日
設計師 SERVO株式會社（製作）、STAR服裝株式會社（販售）
配發品項 《女性CA》外套×2、連身裙×3、絲巾3款×各1

AMX
天草航空
Amakusa Airlines

外套＋內搭衣＋裙子。裙子上有藍色線條裝飾，跟外套是同樣的色調。

以天草的海空景致為意象的藍色外套 CA和地勤人員的通用制服

2016年2月20於機身彩繪親子海豚的新飛機「Mizoka號」（ATR42-600型機）啟航之際，天草航空也推出全新的制服。當時是由員工組成專案團隊，在公司內部公開招募基本設計，再委由當地的廠商製作。以天草的海空為設計靈感的藍色外套，搭配黑色或白色的內搭衣，下裝可選擇裙子或長褲。順便一提，外套的藍色與「Mizoka號」是同樣的顏色，夏天則會換成POLO衫搭配裙子（或長褲）的休閒造型。地勤人員和CA的制服為共通款式。

褲裝造型。地勤人員（右）和CA皆穿著相同款式的制服。

DATA

開始啟用 2016年2月20日

設計師 從公司內部招募基本設計，再交由當地廠商製作

配發品項 《CA、地勤人員共通》外套、針織衫（七分袖和短袖）、夏季POLO衫、裙子和長褲、絲巾2款、皮帶、肩背包、鞋子。圍裙為共有

IBX
伊別克斯航空
IBEX Airlines

藏青色的連身裙&外套
加上品牌代表色的洋紅色作點綴

伊別克斯航空（IBX）是一家以仙台為據點的區域性航空，於創立15周年的2014年4月1日推出了新制服。秉持「安心」、「信賴」、「親切」的基本理念，以IBX品牌代表色的洋紅色和海軍藍色，呈現出「IBEX風格」。

CA的制服造型為連身裙＋外套，在機內提供服務時會穿上圍裙。絲巾上有誘導燈和飛機的IBEX拼貼畫。除了天藍色的圍裙外，外套和連身裙的肩部也都有天藍色的拼接色塊。

連身裙造型。皮帶為顯眼的洋紅色。

天藍色的圍裙是以往制服中沒有的品項。

連身裙＋外套。肩部有天藍色的色塊裝飾，袖口則以洋紅色點綴。

DATA

開始啟用 2014年4月1日

設計師 公司內部的專案團隊

配發品項 《CA》外套、連身裙、皮帶、圍裙、絲巾（洋紅色和海軍藍色）、口袋巾、肩背包、過夜包

TZP

ZIPAIR

ZIPAIR Tokyo

以無性別為重點
涼爽舒適、穿搭多元的制服

制服的設計理念為「以各式單品搭配出不同風格」。球鞋在繫上鞋帶後會用魔鬼氈予以固定。執行地勤工作時穿白色球鞋，以空服員身分在機上服務時穿黑色球鞋。不只CA，就連駕駛員也是穿球鞋。

長袖襯衫搭配裙子和長版背心外套。

連身裙。裙子的下襬也是不對稱設計。

褲裝搭配外套的造型。白色球鞋是執行地勤工作時的穿搭品項。

短袖襯衫的下襬也是不對稱設計。

2019年4月於啟航前發表了新制服的設計。最右邊為機師制服。

長版背心外套雖為女性制服的品項，但也很受男性歡迎。長褲為男裝版型。

西裝造型。

白襯衫搭配長褲的造型。褲管偏窄的長褲款式其實是女裝版型。由於長褲的剪裁方式男女不同，可依個人的喜好來挑選。

長袖襯衫＋男版長褲＋地勤工作用的白色球鞋。

DATA

開始啟用 2020年10月　**設計師** 堀內太郎

配發品項 《女性》外套、長版背心、裙子、長褲、連身裙、皮帶、襯衫（短袖、長袖）、絲巾《男性》外套、西裝褲、襯衫（短袖、長袖）、皮帶、領帶。但男性也可以選用女性制服中的單品，反之亦然。男女制服皆為共有，僅球鞋（黑、白）會個別配發

不對稱設計、球鞋造型、CA也身兼地勤工作
所有皆令人耳目一新的廉航制服

ZIPAIR是由JAL成立的廉價航空，專門營運中長距離的國際航線。該款制服的特色除了航空業界制服中少有的不對稱設計外，還導入了球鞋及無性別穿搭。此外，制服不採用出借的方式，而是每個人到據點所在的成田機場辦公室挑選自己的尺寸，換裝後再前往空勤或地勤的工作崗位，這樣的做法在全世界也實屬罕見。

女性制服是以黑色為基調的不對稱裙子、連身裙、長褲、外套、長版背心（長版無袖外套），搭配不同設計的白色上衣。可依照當天的工作內容、天氣、心情或身體狀況，從約20種品項中找到適合自己的穿搭組合。男性制服雖然是傳統的西裝造型，但長褲和長版背心可與女性通用，女性當然也可選擇男性制服中的品項來穿搭。由於空服員也兼作地勤工作，所以制服皆為共通的款式。但有規定執行CA工作時必須穿黑色球鞋，執行地勤工作時穿白色球鞋。

ZIPAIR是日本唯一推出無性別制服的航空公司，擁有全日本最具多樣性&包容性的制服。

ZIPAIR的制服是出自創立時裝品牌「th」、備受國際矚目的時裝設計師堀內太郎之手。據說在設計制服時，還曾前往機艙內、機場實際觀察員工的工作模樣。

SJO

春秋航空日本

SPRING JAPAN

從設計學校的學生募集構想
鮮豔的綠色令人耳目一新

連身裙造型。衣領、袖口、口袋、裙摺的灰色線條具有畫龍點睛的效果。

鮮豔的綠色外套搭配灰色長褲。

外套＋襯衫＋裙子。下裝為灰色調。

2021年6月春秋航空日本被JAL納為旗下的子公司。CA制服以品牌代表色「綠色」為基調，並於袖口、衣領、口袋等處加上灰色線條點綴，男裝的西裝褲和女裝的裙子也都是灰色。設計的原型是廣蒐全日本服裝設計學校學生的創意而來。一般的CA制服大多選擇優雅別緻的色系，但在鮮明的綠色制服與CA笑容的加乘作用下，讓機內氣氛也變得熱鬧許多。

與其他廉價航空相比，春秋航空日本的制服品項十分多元。女裝有裙子和連身裙2種。制服的質料輕盈、透氣性佳，在家自行洗滌也沒問題。

襯衫＋裙子。內搭襯衫會繫上綠色的皮帶。

綠色條紋襯衫搭配苔蘚綠領帶的造型。男裝襯衫有長袖和短袖兩款。

DATA

開始啟用 2014年8月1日

設計師 從全日本服飾設計學校的學生募集構想

配發品項 《女性CA》外套×2、襯衫×2、裙子×1、連身裙×1、絲巾×2、外套式襯衫用皮帶×2《男性CA》外套×2、西裝褲×2、襯衫（短袖、長袖）×各2、領帶×2、背包×1

JJP
捷星日本航空
Jetstar Japan

女性CA為橘色外套搭配有橘色線條點綴的黑色上衣，下裝可選擇A字裙或長褲。

以品牌代表色「橘色」為強調色 兼具舒適性和功能性的制服

該款制服自2012年啟航後就一直使用至今。最初捷星集團旗下每家公司的制服設計皆不同，直到2012年才全面統一。

捷星日本航空的品牌代表色，是源自南十字座中一顆散發出橘色光芒的恆星「Epsilon Crucis」。在黑底的制服上，也隨處可見橘色的元素。

設計以員工的意見為基礎，注重功能性和合身感的制服，不僅透氣性佳還很輕盈。直接放進洗衣機洗也沒問題，因此廣受CA的好評，穿搭選擇的自由度也很高。男性制服的拉鍊是否要拉上可自行決定。髮色則必須與膚色及制服相匹配，且得在指定顏色的範圍內。

著重功能性和合身感的制服，是採用透氣性高又輕盈的材質製成。

男性機組人員的制服為配有橘色拉鍊的黑色外套及西裝褲，內搭上衣有橘色線條裝飾。

DATA

開始啟用 2012年

設計師 Dina Corporate

配發品項 《女性CA》外套×2、裙子×3、長褲×3、針織衫×4、長大衣×1（僅限申請者）、皮帶×1。鞋子、背包自備《男性CA》外套×2、襯衫×4、西裝褲×3、皮帶×1、長大衣×1（僅限申請者）。另外還會配發行李箱

APJ
樂桃航空
Peach Aviation

以令人印象深刻的紫紅色
打造出鮮明的樂桃航空品牌形象

自啟航以來選用至今的制服，曾於2018年進行小改款。以構成樂桃航空品牌的三大特性為設計主軸，亦即「Charming」（自然呈現出的迷人魅力）、「Imaginative」（豐富多樣化的創造力）、「Genuine」（真實、誠摯的呈現）。負責操刀的James Wilkie是以倫敦為據點活躍於業界的時裝設計師，並擁有與Abercrombie & Fitch、Marks & Spencer等世界知名服飾品牌的合作經驗。

考量機艙內的活動方便性，對服裝材質相當講究，襯衫選用了透氣性高、耐用性強的材質製作，紫紅色的外套則採用抗污性佳、具伸縮性且輕盈的質料。不易起皺又活動自如的制服，獲得現役CA的一致好評。

立領樣式的七分袖襯衫。

女性制服的外套、絲巾腰帶皆選用品牌代表色的紫紅色，十分搶眼。男性空服員的制服就樸素許多，品項中有外套、西裝褲、襯衫，但沒有領帶。取而代之是在外套上配戴紫紅色的口袋巾。

2018年改款後的絲巾，上面印有樂桃航空的Logo。

背面照。

DATA
開始啟用 2012年3月1日。2018年3月1日小改款
設計師 James Wilkie
配發品項 《女性CA》外套×3、襯衫×6、裙子×2、長褲×1、絲巾×2《男性CA》外套×3、襯衫×6、西裝褲×3、口袋巾×2

Column

全球航空公司的制服穿搭指南

航空公司制服的儀容規定跟校規一樣嚴格！禁止染金髮、綁辮子、穿T恤

制服最重要的目的是能一眼就辨識出是「航空公司員工」的身分，以及「統一的美感」。

身穿制服的員工，就如同航空公司的形象代表。試想一下，如果站在報到櫃台的職員是一位曬得很黑、金髮造型、帶著金項鍊、襯衫上前３顆扣子全解開又穿著垮褲的男性？或是從看起來好幾天沒洗頭、蓬頭垢面的ＣＡ手上拿到機內餐點？可能大多數的人都會覺得有點害怕吧。

正因為如此，各家航空公司對穿著制服時的儀容都有嚴格的規定。究竟存在哪些規定呢？接下來就以航空公司曾發行過的「制服穿搭指南」來做介紹。

日本亞細亞航空

這間航空公司為ＪＡＬ旗下的子公司，以前專門營運日本－台灣航線。以下是１９９８年所制定的相關指南，當時的制服由設計師永澤陽一操刀。

除了制服的說明之外，還附上照片詳細解說髮型和指甲油、口紅顏色

日本亞細亞航空

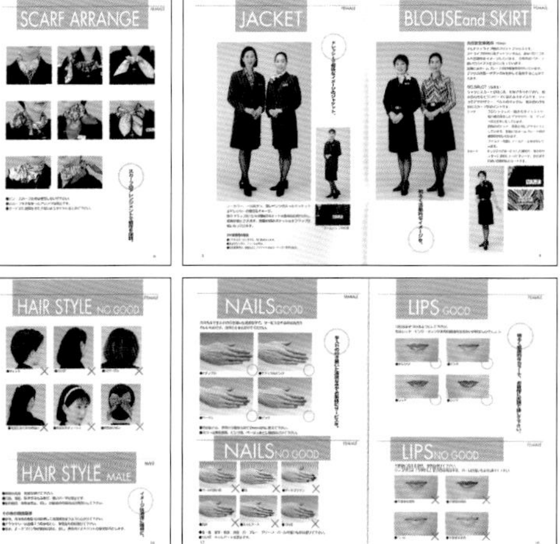

的規定，果然很有日系航空公司的風格。雖明文禁止「漂色、染色」，但「若是要遮蓋白髮請選擇自然色」。此外，禁止辮子、馬尾、髮尾波浪捲，以及「禁用髮飾，可使用緞帶（但必須是黑色素面、寬4㎝以內）」。這些規定簡直比筆者以前念的鄉下高中還要嚴格。不知是否是曾有CA「實際這樣做過」，還刻意列出「禁止使用兩條絲巾做造型」的規定，著實令人好奇。

英國航空

在日系航空公司的空服員招募事項中，幾乎100%都寫著「隱形眼鏡矯正後視力1.0以上」。換句話說就是「值勤時必須配戴隱形眼鏡」，但外資系航空公司在值勤時即使戴眼鏡也OK，歐美系的航空公司每個班次至少都會有一位戴眼鏡的CA。

但並不是所有樣式的眼鏡都行。英國航空在制服指南中關於眼鏡的說明如下：「必須是適合正式商務場合配戴的優雅款式。眼鏡框的顏色可以選擇黑色、褐色、酒紅色、玳瑁色、深藍色、銀色、金色。有色隱形眼鏡只要能看清楚眼睛亦可。太陽眼鏡僅限於傳統樣式，未配戴時不可放在頭頂上，且禁止在室內及乘客面前配戴。」規定得十分詳細。

紐西蘭航空

空服員也是服務業的一種，因此會有化妝等儀容的相關規定。化妝也可說是制服的最後一道潤飾。JAL、ANA等多家日系航空公司，在受訓期間就得徹底學習從臉部清潔到化妝的所有步驟。甚至還有航空公司會指定品牌和色號：「你的口紅顏色是這款。」

英國航空

聯合航空

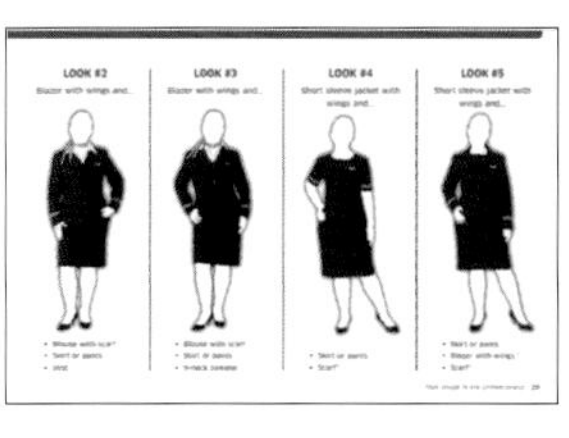

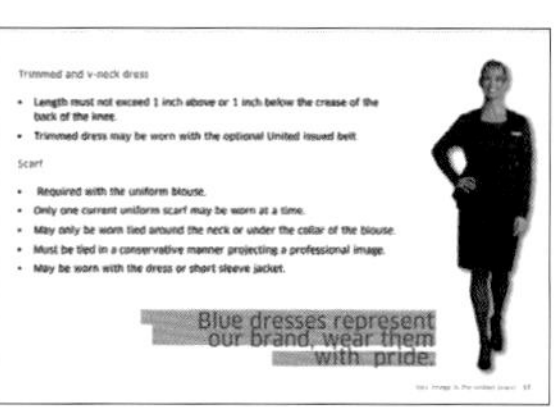

You are seen as a representative of the United brand whenever you are in uniform. It is important to convey a professional and positive image each day you come to work.

紐西蘭航空的前一代制服是出自時裝品牌「Ｚａｍｂｅｓｉ」之手，在制服指南中針對妝容有詳細的解說。除了依照粉底、遮瑕膏、蜜粉、腮紅、眼影、眉彩、唇膏等項目做說明外，連清潔和保濕的方法也都有列出。但看到「每天入浴，並使用品質優良的止汗劑、體香劑來預防體臭」的內容時，也不禁會讓人誤以為難道紐西蘭人沒有每天洗澡嗎？

化妝雖然是航空業界的「常識」，但如今已經有航空公司打破這個常規。以英國為據點的維珍航空，於２０１９年３月廢除了「ＣＡ在執勤中必須上妝」的規定。今後「素顏上工ＯＫ」的做法，說不定也會擴及其他航空公司。

聯合航空

聯合航空的制服指南內容相當簡單。與前面介紹的３家航空公司相比，照片較少、文字偏多（且字體很大）。有些頁面甚至只有文字，比如寫著「員工一穿上制服，就等同代表聯合航空的企業品牌，因此工作時必須表現出積極的專業形象」。

至於眾多的制服品項究竟該如何搭配組合，則以圖文並茂的方式讓人一目瞭然，是一份以「淺顯易懂」見長的美式風格指南。

澳洲航空

在航空公司的制服指南中，除了制服以外連私服也有相關的規定。這是由於有時ＣＡ會以乘客的身份乘搭航班去目的地準備值勤，也稱為

紐西蘭航空

「Deadhead」或「Duty Travel」。因此，私服的造型也必須符合航空公司的形象才行。

澳洲航空在1997年發行的制服指南中明文列出，「禁止超過膝上5cm的短裙，任何款式的牛仔褲都不行。禁止穿著短褲、吊帶背心、強調身體曲線的針織連身裙、滑雪褲、內搭褲、運動衫、海灘鞋、拖鞋、T恤」。嚴格到這種程度，連國中畢業旅行的私服規定說不定還比較寬鬆一點呢？

澳洲航空

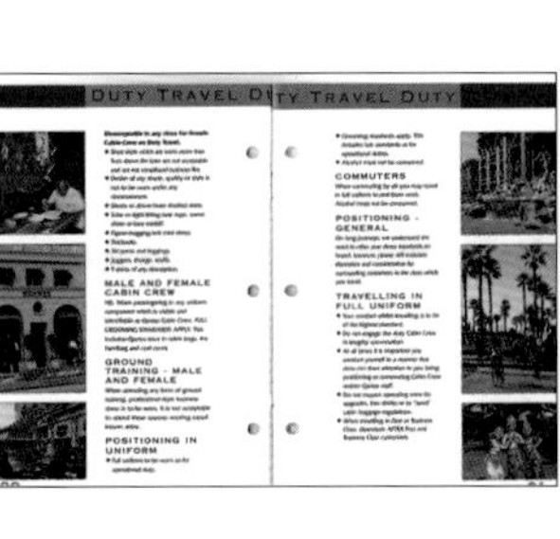

QANTAS UNIFORM, GROOMING AND DUTY TRAVEL STANDARDS

CABIN CREW

1997

印度航空

若要說到制服指南的詳細程度，印度航空簡直無人能及。從一開始密密麻麻的文字，就不禁令人誤以為「是在看法律書籍嗎？」以類似「第五章第一節第二十條第二點」的編排方式逐一列出規則，實在讓人提不起勁去閱讀（失禮了）。畢竟，這樣的編排內容可是多達51頁之多。

還好翻到後面，照片也越多，但接踵而來的問題是就算仔細看也分辨不出「Allowed」、「Not allowed」的差別在哪裡。以女性手錶為例，金色可以、但金色的裝飾品不可，智慧型手錶也僅限於有顯示秒數的款式。紗麗服裝雖然從照片看完全一個樣，但規定不可選用透明材質，也禁止穿太鬆垮的版型，必須得詳加閱讀說明才行。

此外，印度航空的儀容規定中明文禁止男性「微禿」，若有禿頭就必須全部剃光。

時代的風氣漸趨輕鬆休閒的感覺，本篇介紹的內容皆來自過去發行的指南，因此現在極有可能已經更改，還請各位見諒。

印度航空

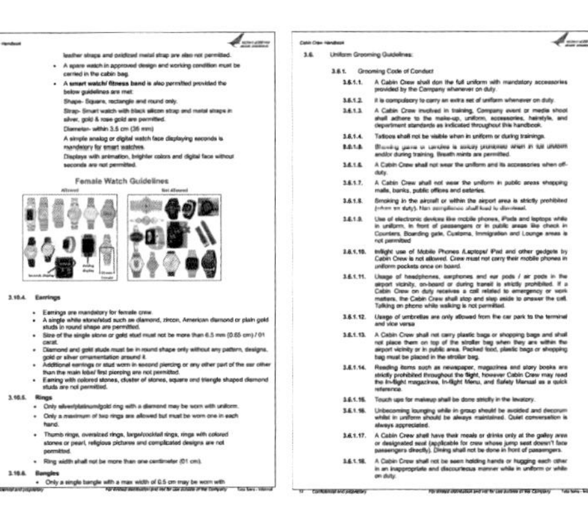

第5章
世界的航空制服 2023

由世界級設計師Lacroix操刀
優雅的法式風格制服

AF 法國航空

Air France

[空服員]夏季連身裙＋紅色皮帶。只不過是換成皮帶，給人的印象就截然不同。

[空服員]夏季連身裙＋同色腰帶。

[空服員]夏季連身裙也有淡藍色款。

為了需接待乘客的17職種員工，開發出100多項單品 全世界最高雅的航空公司制服，非法國航空莫屬

「我們公司的制服，必須比其他任何一家航空公司更具有洗鍊的時尚感。」

至2008年為止擔任法國航空公司董事長的Jean-Cyril Spinetta，曾發表過如上的宣言。如同其言，法國航空的制服確實比其他航空公司來得時尚有型。

現行制服是從2005年4月5日啟用至今。不光是CA而已，連同地面勤務共3萬6000名員工的制服也都一併換上新裝。為了需接待乘客的17個職種員工，總計推出100多項單品。制服的多樣化程度前所未見，而且還能展現出企業的精神。至於要選擇哪樣單品，則屬於個人的自由意志，甚至還有人將制服拿去修改至完全契合自己的身形。

空服員

法國是在時裝、飲食、藝術等諸多領域引領世界的文化大國。代表該國的航空公司「法國航空」身兼橋樑的責任，搭起法國與世界文化的交流，而法國文化便自然體現在制服的設計上。

擔綱制服設計的Christian Lacroix在發表會中，將法國航空的hôtesse

負責操刀的是世界級時裝設計師Christian Lacroix。

（空服員、CA）稱為「法國文化大使」，並提及「法國航空的基本理念與高級時裝是相通的，亦即將融合傳統與技術，打造出優雅的法式風格並永遠傳承下去」。

然而時尚感並非唯一的重點。每樣單品都是Lacroix親自到員工的工作現場觀察，逐一確認職務內容、環境、氣溫等細節後才完成。舉例來說，在機艙內睡覺用的睡衣背面會印上「AIR FRANCE CREW」的字樣。萬一在睡覺時發生緊急事件，CA就能立即以這身裝扮引導乘客疏散。除了可向乘客表明CA的身分，又能迅速執行飛行安全業務。此外法國航空制服也在不斷進化中，像是將肩背包做了一些改良、導入新設計的長褲等等。

兼具時尚感和功能性，讓穿上它的人感到自豪，不愧是專為「法國文化大使」所設計的制服。

[航空維修技師]維修技師的制服以藏青色為基調，內搭為白色POLO衫。

[機坪作業人員]制服以藏青色為底，搭配搶眼的紅色立體口袋。

空服員

短外套＋襯衫＋長褲。長褲為側邊拉鍊的款式。繫在脖子上的是90㎝正方形的絲綢絲巾。鞋子則是以樂福鞋取代高跟鞋。

短外套＋裙子。衣領周圍的蓬鬆絲巾名為「Nuage」（雲彩之意），為獨創的立體造型絲巾。

天藍色襯衫＋長褲，皮帶上附有腰包。據說是設計師為了避免破壞褲型，堅持不在制服上設置口袋，因此改以腰包來替代。

立領襯衫+長褲+長版外套。

DATA

開始啟用 2005年4月5日

設計師 Christian Lacroix

配發品項 《女性CA》冬季外套（短版）、冬季外套（長版）、冬季裙子、長褲（中間拉鍊和側邊拉鍊）、夏季兩件式套裝（外套、裙子）、襯衫（長袖、短袖）、針織衫（高領、圓領）、冬季連身裙（海軍藍色）、夏季連身裙（海軍藍色、天藍色）、腰帶（海軍藍色、紅色）、紅色皮革皮帶、頭巾、Nuage、90㎝方形絲綢絲巾、開襟毛衣、圍巾（海軍藍色、天藍色）、長大衣、雨衣和雨帽、肩背包、絲襪、手套（紅色、海軍藍色）、睡衣、機翼徽章、腰包、高跟鞋、莫卡辛鞋（樂福鞋）、短靴

地勤人員

針織衫＋裹裙＋紅色皮帶。印有唐草花紋的針織衫為七分袖設計，方便活動，廣受CA的好評。

地勤人員的制服是與CA相似的連身裙造型，但腰部的蝴蝶結顏色不同。另外，還可繫上紅色及白色的絲巾。

長大衣和外套皆採用暗扣設計，從表面完全看不到鈕扣。圍巾有海軍藍色和天藍色2款，手套有海軍藍色和紅色2款。

為了搭配制服而設計的單品，顏色也都很鮮豔。皮革製手套備有海軍藍色和紅色2款。細皮帶採用紅色作為強調色，相當吸睛。

KL

荷蘭皇家航空

KLM Royal Dutch Airlines

以KLM藍呈現
傳承百年傳統的制服

以外套和窄裙勾勒出I字型輪廓。沒有姓名胸章，只需配戴代表職務的徽章。徽章與袖口的線條連動，2條線＝代表負責服務商務艙。背心上附有腰帶，可調整到完全符合自己的身形。

以海軍藍為底色並搭配白色細條紋的圍裙，覆蓋住正面和背面。胸前為深V領設計，看起來簡潔俐落。

外套和喇叭裙的搭配很有女人味。襯衫有長袖和短袖2種。鞋子自備，但規定只能選擇藏青色或深藍色。

連帽大衣附襯裡，由於防潑水且材質輕量，也可當作雨衣使用。

外套＋長褲＋大衣。

在機內休息時所穿著的睡衣，KLM的標誌十分顯眼。背面的CREW字樣則是基於飛行安全的考量，即便脫下制服休息也能讓乘客一眼就辨識出是機組人員。

荷蘭皇家航空創立於1919年10月7日，具有百年以上的歷史。現行的CA制服由荷蘭最具代表性的設計師Mart Visser操刀，以鮮明的品牌代表色「KLM藍」搭配荷蘭的象徵顏色「橘色」點綴。從2010年推出後啟用至今，下裝有長褲、窄裙、喇叭裙3種可選，穿搭組合十分多元。

外套的袖口上有代表職位的銀色線條，與「KLM藍」同樣都是荷蘭皇家航空的傳統。1條線是新進CA、2條線是負責商務艙的CA、4條線是座艙長，4條銀色線搭配1條橘色線總共5條線的是資深座艙長。此外KLM也是航空業中的領頭羊，率先將淘汰的舊制服回收再利用，改造成機艙備品等製品。

DATA
開始啟用 2010年4月
設計師 Mart Visser
配發品項 《女性一般CA》外套×2、背心×1、襯衫（長袖×3、短袖×2）、窄裙和喇叭裙×各1、長褲×1、絲巾（長方形和正方形）×各1、圍裙×2、毛衣×1、大衣×1、過夜包×1、機內休息用睡衣×1。鞋子、肩背包自備

AY

芬蘭航空

Finnair

藏青色×白色的時尚CA制服
由芬蘭籍設計師操刀

連身裙造型。袖子為方便活動的七分袖，袖口上的線條代表空服員的身分。

海軍藍色的包裹式圍裙。

外套＋裙子或長褲，搭配長版絲巾。以藏青色和白色的單色調營造出時尚氛圍。

圍裙的蝴蝶結是繫在背後。

斗篷樣式的防寒上衣外套。在前一代制服中也有出現，為芬蘭航空的傳統造型。

芬蘭航空的制服是出自芬蘭知名設計師Ritva-Liisa Pohjalainen之手。曾針對制服做出以下的評論：「芬蘭航空的色調以深藍色和白色為主。深藍色給人一種安心的感覺；白色部分為避免沾到髒污，因此有經過特殊加工。在設計時也有考量到不同體型的使用者，希望能讓所有人都穿得舒適。」具現代感又帶點復古風，與1969年赫爾辛基－紐約航線中啟用的制服很相似（下）。海軍藍與白色的搭配、白色的呈現方式等等，都與現行制服有許多共通點。

近未來風格的大衣。拉鍊拉上就變成風帽，搭配圍脖圍巾。風帽上也帶有拉鍊，可完全展開來。

DATA
開始啟用 2011年12月15日
設計師 Ritva-Liisa Pohjalainen

1969年曾於赫爾辛基－紐約航線啟用的制服，與現行制服有些共通點。

SK

北歐航空

Scandinavian Airlines

品牌代表色「Blue on Blue」吸睛度十足

也可將高領毛衣當作內搭衣。

女性的褲裝造型。肩背包也可斜揹。

襯衫加上背心、外套的西裝造型。

女性為連身裙搭配背心、絲巾，男性為西裝造型。

北歐航空（SAS）於2016年10月18日睽違17年推出全新制服，空服員、機師、地勤人員約8000人皆換上了新裝。

制服的特徵是採用代表企業形象識別的「Blue on Blue」。海軍藍色與亮藍色的搭配組合，可謂畫龍點睛。設計時也很講究舒適性，還實際讓SAS的員工試穿制服，並花費一年半的時間不斷改良。斗篷、毛衣之類的冬季單品也很豐富，很符合北歐系航空公司的風格。可依個人的喜好、天候選擇穿搭方式，也是從舊款制服延續下來的SAS傳統。

高領毛衣搭配長褲，看起來很俐落。針織衫的背面設有拉鍊。

裙子＋外套＋長袖上裝（針織衫）。

男性的半身圍裙。

圓形斗篷，邊飾與內搭的藍色毛衣同一顏色。

DATA

開始啟用 2016年10月18日

設計師 瑞典的設計平台Ted Bernhardtz公司與SAS的品牌團隊

配發品項 《女性CA》外套、連身裙、裙子、長褲、皮帶、背心、上裝（短袖、長袖）、毛衣、開襟毛衣、大衣、圍裙、絲巾、毛料圍巾、肩背包、過夜包、行李箱（大＆小）
《男性CA》外套、背心、西裝褲、皮帶、襯衫（長袖、短袖）、領帶、圍裙、領帶夾、高領毛衣、V領毛衣、大衣、毛料圍巾、波士頓包、行李箱（大＆小）

IB

西班牙國家航空

Iberia

2002年6月推出的新制服

打破制服的既有印象既休閒又時尚

在馬德里舉辦的「馬德里賓士時裝週」中亮相的新制服。

西班牙國家航空於２０２０年１月在馬德里舉行的「馬德里賓士時裝週」，發表了新制服。但因新冠疫情的影響而暫緩推出，直到２０２２年６月１日新制服才正式登場。

負責操刀的是西班牙籍的設計師Teresa Helbig，她曾任職於Manuel Pertegaz、Adolfo Domínguez等多家知名時裝品牌，在設計領域十分活躍。新制服的特徵是擁有豐富多元的品項，可從連身裙、裙子、長褲、襯衫、開襟毛衣、手提包等各式單品自由搭配組合。在展現時尚感的同時，也兼顧了啟用的舒適性與活動的方便性。

1 2
3 4

1七分褲、隨身斜背包、羽絨背心等設計，也很適合一般的街頭穿搭。2西班牙國家航空的品牌代表色「橘色」相當吸睛。3男性的西裝造型制服。4毛衣＋裙子＋圍脖。

充滿時尚感的包款，簡直讓人不敢相信竟是公事包。

DATA
開始啟用 2022年6月1日
設計師 Teresa Helbig

LH
漢莎航空
Lufthansa German Airlines

試穿後再做細部調整
打造出剪裁精良的套裝

搭配裙子的套裝風格，品牌代表色的黃色十分吸睛。

內搭衣為白色襯衫。

褲裝造型。箱形的帽子又被稱為「藥盒帽」。

漢莎航空的制服自2001年導入以來，已持續使用長達20年以上。時髦摩登的套裝不僅剪裁精良，試穿後還會再做細部的調整，因此連身型嬌小的亞洲籍CA也能穿得合身。除了西裝造型外也有連身裙的選項。整體上以品牌代表色之一的黃色作為強調色。由德國的知名品牌Strenesse擔綱設計。2018年以後，絲巾等品項有做些小改變。

此外每年9月中旬到10月上旬在德國慕尼黑啤酒節期間，執飛長距離航線的CA會換上巴伐利亞地區的傳統民族服飾。

連身裙也是女性制服的品項之一。

短袖襯衫＋背心＋裙子。

禦寒用的大衣。

DATA
開始啟用 2001年1月
設計師 Strenesse

慕尼黑啤酒節期間於長距離航線中穿著的民族服飾。

OS

奧地利航空

Austrian Airlines

採用奧地利國旗顏色的CA制服
全身上下連褲襪、鞋子都是紅色

奧地利航空的最大特徵就是「紅」。2016年推出的新制服，是由在時裝界獲獎無數的奧地利籍年輕設計師Marina Hoermanseder負責操刀。除了承襲連褲襪、鞋子全身皆紅的設計外，修改後的身形曲線看起來更為苗條，戴上帽子也變得更有型。在導入新制服時，公司內部曾針對是否要維持「紅色褲襪」的議題而進行投票表決，結果有70%的員工選擇「維持」。

制服選用的紅色是源自奧地利的國旗。國旗中的紅色，象徵著愛國者為爭取自由與獨立所流淌的鮮血。

航空維修技師的制服也是紅色。

機師制服在色系上雖改以深藍色為主，但絲巾、領帶仍可看到顯眼的紅色元素。

DATA
開始啟用 2016年
設計師 Marina Hoermanse-der

LX
瑞士國際航空
Swiss International Airlines

經典優雅的傳統西服套裝造型

說到瑞士國際航空的制服，就會連想到傳統的西服套裝。現行制服是由瑞士籍的女設計師Ruth Grüninger操刀，設計主題為「經典優雅」。以深藍色套裝搭配白色襯衫，男性CA會繫上領帶、女性CA則佩戴絲巾。

2013年推出新款絲巾，作品出自也經手飛機抱枕和毛毯的瑞士籍設計師Caroline Flueler。

絲巾是2013年推出的改款之作。

DATA
開始啟用 2009年
設計師 Ruth Grüninger

BA

英國航空

British Airways

顯瘦又充滿女人味的剪裁
為紀念創立100周年而推出改款

英國航空（BA）的制服，是出自也活躍於Chanel、Givenchy的英國籍設計師Julien Macdonald之手。雖為傳統的套裝造型，但剪裁顯瘦又女人味十足。帽子上印有BA的標誌。印度曾是英國的殖民地，身為英國的國家航空公司，也推出過以印度民族服飾「高領長外套」為主題的制服，但不可在機內穿著。

為紀念創立100周年，原本預定於2019年導入新制服，但由於新冠疫情蔓延的影響而延期。2023年1月新制服正式發表亮相，設計是由在倫敦訂製西裝的聖地「薩維爾街」修習技藝後，自創品牌的Ozwald Boateng負責操刀。

出自Julien Macdonald之手的前一代制服。

DATA
開始啟用 2023年5月
設計師 Ozwald Boateng

2023年1月發表，由Ozwald Boateng設計的新制服。

VS

維珍航空

Virgin Atlantic Airways

由Westwood擔綱設計 散發無窮魅力的時尚制服

以前也飛過日本航線的維珍航空，現行的CA制服是出自英國籍設計師Vivienne Westwood之手。據說設計靈感是來自1940年代的法國時裝。大量使用「維珍紅」給人強烈印象的該款制服，是在創立30周年的2014年推出。為了讓衣服更耐用且能維持顏色，因此運用以回收寶特瓶製成的聚酯纖維紗線及奈米加工的技術。

公司於2022年9月宣布了一項新政策，員工可依照個人性別認同來選擇自己的制服。而且早在2019年就已取消「CA在執勤中必須化妝」的規定，不愧是走在性別中立最前端的航空公司。

2022年宣布可依照自己的性別認同選擇制服的穿搭組合。

DATA
開始啟用 2014年
設計師 Vivienne Westwood

SU

俄羅斯航空

Aeroflot Russian Airlines

選用明亮的鮮橙色
正統派設計的軍裝風制服

連身裙＋包裹式圍裙，看起來就像是連身洋裝般。

冬季（11月～4月）的海軍藍色制服，與夏季制服的風格完全迥異。外套＋襯衫＋裙子。

冬季制服也有褲裝造型。

正裝為鮮橙色的套裝造型，由制式帽、手套及外套、連身裙組合而成。衣領和手套的白色給人清爽的感覺。除了夏季（5月～10月）以外，也會在宣傳活動的場合中啟用。

進行宣傳活動時會配發尖頭鞋給CA，跟高看似有10cm。

現行制服為2010年推出的樣式。最大的特徵是分成夏季（5月〜10月）的鮮橙色制服，以及冬季（11月〜4月）的海軍藍色制服2種。外套的袖口上有翅膀刺繡裝飾，此外還會戴上制式帽和白色手套，是一款經典正統的套裝造型。

連制式帽、皮帶、絲巾、鞋子全都統一為鮮橙色的夏季制服，僅連身裙和外套2個品項；而海軍藍色的冬季制服，除了夏季制服的品項外，又多了長褲、襯衫和絲巾。

由於俄羅斯的冬天相當寒冷，女性CA在飛機外可以穿上長靴。大衣共有3種，分別是雨衣（內裡可以拆下）、如毛毯般溫暖的長大衣、極寒地區穿用的棉質大衣。

裙子和襯衫＋圍裙。

雨衣有附內裡。

連身裙上繫著以同布料做成的腰帶。

為了俄羅斯的嚴冬而準備的長大衣和長靴。客艙內不可穿長靴，需換上機內專用鞋。

DATA

開始啟用 2010年

設計師 Julia Bunakova、Evgeny Khokhlov

配發品項 《女性CA夏季制服（5月〜10月）》外套、連身裙（同布料的腰帶）、絲巾、圍裙、制式帽、鞋子（鮮橙色）、手套《女性CA冬季制服（11月〜4月）》外套、短袖＆長袖襯衫、裙子、長褲、連身裙（同布料的腰帶）、圍裙、絲巾、制式帽、白色手套、大衣（雨衣、長大衣、極寒地區用大衣）、圍巾、鞋子（黑色）、長靴、肩背包、過夜包

EK
阿聯酋航空
Emirates

以沙漠色系搭配面紗
充滿中東異國風情的制服

開襟針織不會單穿，外面得再加上背心。

制服以沙漠色為底色，並佐以紅色點綴。

紗造型。若以公關人員的身分出現，則必須戴上公司配發的髮圈。

2008年阿聯酋航空（EK）推出的新制服，採用沙漠色系及繫上面紗的帽子營造出中東特有的氛圍。由以英國為據點的制服廠商Simon Jersey公司負責操刀，設計的重點為「風格」、「舒適」和「適應氣候變化」。根據航空公司官網的說明：「在設計現行制服時，設計師曾搭上飛往紐西蘭的航班，親自觀察CA在機艙內的工作模樣，還在機場實地調查旅客對於制服的反應。」設計總共耗時兩年才終於定案。

象徵面紗的白色絲巾長度將近1m，可以拆下來。CA會先把絲巾繫在帽沿，再將尾端圍繞在脖子上。

內搭衣為短袖襯衫。

執飛寒冷地區時穿著的大衣，鈕扣上有阿聯酋航空的標誌。

白色襯衫上也有紅色線條裝飾。

DATA

開始啟用 2008年7月6日

設計師 以英國為據點的制服廠商Simon Jersey公司

配發品項 《女性CA》外套×2、背心×3、裙子×4、開襟毛衣×1、襯衫×5、絲巾×2、大衣×1、帽子×1、鞋子（高跟鞋、機艙鞋）各×1、肩背包×1、過夜包×1

EY

阿提哈德航空

Etihad Airways

時尚有型又具異國情調
降落阿布達比前得穿戴帽子和手套

依照公司規定，在抵達根據地的阿布達比時必須戴上皮革手套。若為其他降落地點則不戴也OK。

背面照。剛推出時是無裙褶設計的窄裙樣式，後來才改為箱褶裙。

合身的套裝造型。先從規定的尺寸中選擇制服，再調整至貼合自己的身形。

中東的航空公司大多選用不會凸顯女性身體線條的制服，但阿提哈德航空（EY）的制服卻是較貼合身形曲線的款式。這是因為負責操刀的是以米蘭為據點的義大利籍設計師Ettore Bilotta，土耳其航空的現行制服及義大利航空過往的制服也都是他的作品。

制服採用具耐久性的聚酯纖維和毛料混織而成的材質，並以在機內穿起來舒適又方便活動為前提。毛料則是100％來自義大利的製品。依照公司的手冊規定，CA必須在穿著時，將制服的圖案和顏色完美地呈現出來。

無領襯衫＋裙子。裙子的前側也有線條裝飾。

在機內提供餐飲服務時會穿上圍裙。

於餐飲服務結束後換穿的開襟針織，紫色線條與裙子上的線條剛好相連。

DATA
開始啟用 2014年12月
設計師 Ettore Bilotta
配發品項 《女性CA》外套×1、圍裙×1、襯衫×3、裙子×2、大衣×1、開襟針織×1、制式帽×1、絲巾×2、手套×1、鞋子（高跟鞋、值勤用低跟鞋）×各1、肩背包×1、過夜包×1

TK
土耳其航空
Turkish Airlines

結合土耳其花紋和文化元素
如高級訂製服般的設計風格

貼合身體的輪廓、小巧的帽子等設計，皆讓人聯想到1950年代的高級訂製時裝。

將傳統的書法藝術和馬賽克畫元素融入其中。

根據Ettore Bilotta的說法，制服的設計靈感是來自伊斯坦堡這座城市。

土耳其航空的現行制服，2018年9月隨著伊斯坦堡新機場的啟用而登場。設計是出自也曾操刀阿提哈德航空制服的Ettore Bilotta，將空服員和地勤人員的制服，改為整體一致的設計。

在CA制服中，能見到以現代風格來詮釋傳統土耳其磁磚和書法藝術的圓形紋樣，從裝飾圖案即可深刻感受到「流動」的哲學。座艙長的制服是深紅色，一般空服員為灰色。還新增了前代制服沒有的帽子、連身裙、皮革手套等配件。在新制服亮相時，還邀請世界知名的英國籍攝影師Miles Aldridge掌鏡拍攝一系列的形象照。

灰色的褲襪在航空制服中十分罕見。

制服在導入前，曾在不同氣候條件下的長距離航線中進行反覆測試。

以深紅色和灰色為主色調。男性制服是傳統的西裝造型。

DATA
開始啟用 2018年9月
設計師 Ettore Bilotta

QR

卡達航空

Qatar Airways

讓人印象深刻的酒紅色 簡潔俐落的輪廓

卡達航空制服的設計靈感來自卡達的國旗。堅持選用歐洲布料製作，精心打造出優雅又保有舒適感，且在任何情況下都能代表航空公司重要象徵的制服。女性ＣＡ制服是酒紅色的套裝，外套為立領樣式、內搭是圓領的短袖襯衫。下裝可自由選擇裙子或長褲。客艙督導是穿灰色制服，並搭配絲巾。男性ＣＡ制服為深灰色的西裝造型，一般ＣＡ會繫上酒紅色領帶，客艙督導則是灰色領帶。

客艙督導的制服是灰色系，另外還會搭配絲巾。

DATA
開始啟用 2008年
設計師 非公開

MS
埃及航空
Egyptair

深藍色的單排一顆扣外套
新制服別緻時髦

埃及航空於2021年3月推出新制服，負責操刀的是埃及籍設計師Marie Louis。設計時尚的套裝以藏青色為底色，並佐以紅色作點綴。絲巾、面紗、帽子等配件也很豐富。除了穿起來舒適、活動方便外，還具備能在長距離航線中執行各種服務時所需的耐用性。

女性CA的制服是白色襯衫、背心及單排一顆扣外套，下裝備有裙子和長褲。過往的女性制服曾採用亮粉色或翡翠綠，在新制服改以海軍藍色為主色調後，時尚度也瞬間提升不少。

DATA
開始啟用 2021年3月
設計師 Marie Louis

CX

國泰航空

Cathay Pacific Airways

翹首振翅的標誌讓人記憶深刻
亞洲風格的鮮紅色制服

內搭是充滿清爽感的外套式襯衫。領型為立領樣式，但不會緊勒脖子。

胸口別有翹首振翅的公司標誌。圍裙或襯衫上會配戴姓名徽章，但外套上沒有。衣領的配色經過精心設計。

鮮紅色的套裝造型制服。

國泰航空長久以來，皆以量身訂製的西裝等歐洲風格的制服為主，不過在1999年由出身香港的時裝設計師劉培基打造的新制服，則蘊含亞洲的東方元素。2011年推出的改款制服也是出自劉培基之手。立領、以紅色為基調的優雅設計，都是擷取自中國旗袍的精髓。鮮紅色的套裝雖然沒有搭配絲巾裝飾，但已華麗感十足。

內搭的短袖襯衫上，印有公司的「翹首振翅」標誌。資深客艙主管也可選擇長裙造型。男性CA為深橄欖綠色的無領外套，搭配紅色、金色相間條紋的領帶。

圍裙的剪裁是配合襯衫的衣領形狀而設計，背面與外套一樣都是黃色。

A字型的長大衣為立領樣式。

DATA
開始啟用 2011年7月
設計師 Eddie Lau 劉培基
配發品項 《女性CA》外套×1、絲巾×2、圍裙×2、襯衫×3（制服每24個月配發一次）、肩背包×1、服飾袋×1、隔熱手套×1、絲襪、鞋子×2（每18個月配發一次）、過夜包×1、行李箱×1、長大衣×1（每5年配發一次）

男性一般CA與女性一般CA的合照。男性CA的領帶，會依職務而有不同圖案。

BR

長榮航空

EVA Airways

以碧璽綠為主色系
還有特別彩繪機專用圍裙

合身設計的連身裙。短袖的造型讓人聯想到中國旗袍，附鈕扣的腰帶也十分吸睛。

外套與連身裙的穿搭組合是長榮航空CA制服的傳統。無領外套上置有斜向設計的鈕扣。

長榮航空的第3代制服，是出自台灣精品品牌「SHIATZY CHEN」的設計師王陳彩霞之手。雖仍延續長榮航空的品牌代表色「綠色」，但整體看起來更加時尚且穿起來很舒適。

制服的主色調為碧璽綠（綠色碧璽），設計的重點在於時尚風格及舒適性。為達到透氣、速乾、抗靜電的目的，還開發出碳纖維混織的高性能布料。在長榮航空的特別彩繪機上執勤時，則會穿上印有Hello Kitty圖案的圍裙。

於特別彩繪機上執勤時的專用圍裙（左），有綠色和粉紅色2款。

執飛寒冷地區航班時啟用的長大衣。

DATA
開始啟用 2017年11月30日
設計師 Shiatzy Chen 王陳彩霞

CI

中華航空

China Airlines

依職種共有3款雙色調制服
既經典又時尚有型

一般CI制服的上半身是紅色。腰部的輪廓線、膝下裙的深開衩設計，都取材自1950年代的風格。

背面照。凸顯腰部線條的背心造型。

客艙經理和地勤督導的連身裙造型。

客艙經理和地勤督導的制服。男性為炭灰色的西裝，外套下方有褐色拼接設計；女性為以藍灰色為基調的連身裙，上方（衣領和胸部）有白色拼接點綴。

一般空服員和一般地勤人員的制服。男性為炭灰色的西裝，外套下方搭配藍色拼接；女性為外套＋連身裙的造型，以藍灰色為底搭配紅色拼接。

2016年8月1日，中華航空（CI）的新制服正式亮相。

負責操刀的是香港籍設計師張叔平（William Chang），他曾拿下11項台灣金馬獎的美術服裝大獎，也曾獲得奧斯卡金像獎最佳服裝設計提名。設計的主軸是「Classic」、「Stylish」、「Sexy」，將傳統旗袍樣式與現代元素結合，打造出沒有拘束感又不易變型的制服。張叔平曾說過：「設計以中國旗袍為主題，塑造出1950年代的典雅氛圍。貼身且較長的裙長、前後的深開衩都是視覺亮點。」搭配T字綁帶造型的高跟鞋也相當特別。

女性制服的顏色依職種而異，每款制服皆採用雙色調設計。依不同職制每個人配發1款，所有制服皆為量身訂製。

轉載自月刊《AIR STAGE》2015年9月號（IKAROS出版）

CI的歷代制服。這些服裝並非複製品，而是由前空服員倪維雯所提供的私人收藏。平常展示在CI總部內的「華航博物館」。

女性的禦寒用長大衣。加上腰帶後可束出腰線，更顯得俐落。

事務長Purser的連身裙造型。

DATA
開始啟用 2016年8月1日
設計師 張叔平　William Chang
配發品項 《女性CA》外套、背心、連身裙、圍裙、大衣、鞋子（高跟鞋、機艙鞋）、肩背包、過夜包

SQ

新加坡航空

Singapore Airlines

50多年來設計始終如一 以民族服飾「傳統蠟染沙龍」作為制服

新加坡航空的空服員制服，設計靈感是來自名為「傳統蠟染沙龍」的傳統服飾。負責操刀的是法國籍設計師Pierre Balmain，他曾與Cristobal Balenciaga、Christian Dior並列為三大設計師。這款既是民族服飾也是高端時尚的獨特制服，竟然超過50年以上未更改過設計。制服採用量身訂做的方式，為求符合每一位CA的體型，必須經過反覆地試穿。裙子的連接處有開衩，讓行動更加方便。一般空服員是穿著藍色，資深空服員是綠色、座艙長是紅色、紫色則為座艙經理。

機艙內需穿著涼鞋，且手腳須擦上紅色的指甲油。

DATA
開始啟用 1968年（當時還是新加坡航空的前身Malayan Airways Limited）
設計師 Pierre Balmain

男性CA的領帶顏色會依職位而異。

MH
馬來西亞航空
Malaysia Airlines

將馬來西亞的花卉元素融入設計中
扶桑花、茉莉花、玉蘭花

多家亞洲系航空公司都曾推出以民族服飾為設計主題的制服，馬來西亞航空的傳統蠟染沙龍制服也是其中之一。由義大利籍設計師GHERARDINI操刀，底色為鮮明的綠松色，布料上繡有馬來西亞的國花扶桑花及茉莉花、玉蘭花等傳統圖案。

由於同樣是以傳統蠟染沙龍為原型，與前一頁介紹的新加坡航空（SQ）制服很相似，但胸口的深V領設計及粉紅色、綠松色的鮮明色調皆為明顯特徵。此外，上衣的長度也比SQ來得長。男性CA制服為灰色的西裝造型，款式也相對保守。

現行的傳統蠟染沙龍制服。從1966年啟用至今，但期間曾變更設計。

DATA
開始啟用 1966年開始啟用，1986年更改成目前的設計
設計師 GHERARDINI

GA

嘉魯達印尼航空

Garuda Indonesia

以法式包頭為標準髮型
銀製胸針來自職人手工製作

與新加坡航空、馬來西亞航空一樣，嘉魯達印尼航空的女性制服也是以民族服飾的傳統蠟染沙龍為原型。有呈現南國明亮意象的綠松色和橘色2款，散發出濃郁的異國風情。除了一般空服員啟用的這2款外，還有紫色的座艙長制服及藍色的客艙主管（機艙服務經理）制服，總共有4款。髮型規定要綁成有可頌麵包之稱的「法式包頭」，妝容則以清晰為原則。

配戴在空服員胸口的銀製胸針，是職人一個一個純手工製成，為整體搭配畫龍點睛。

一般空服員的制服有綠松色和橘色2款。

印尼的皇室成員身上會配戴大量的金飾、銀飾，因此銀製工藝品相當有名。

開始啟用 2010年11月1日

設計師 由印尼最具代表性的時裝設計師、色彩專家、時尚顧問加上餐桌禮儀顧問、公司客艙服務部門主管等5位所組成的團隊

VN
越南航空
Vietnam Airlines

以民族服飾「奧黛」作為制服 維持體型成為首要課題

越南航空的女性CA制服採用傳統的「奧黛」造型。奧黛即越南的長衫，是由類似中國旗袍的上衣與喇叭褲搭配而成的越南正式服裝。上衣的剪裁貼身，因此得按個人尺寸量身訂做。由於奧黛是立領的長袖上衣加上喇叭褲，腳、手腕、脖子等身體部位幾乎都被覆蓋住，唯一會露出肌膚的地方只有上衣兩側的開衩部分。

越南航空的女性CA制服雖然一直都是奧黛造型，但也曾在顏色上做些改變，例如選用粉紅色、深紅色。2015年推出的現行制服中，負責經濟艙的CA穿著藍色奧黛，負責商務艙的CA是黃色奧黛；男性CA的制服為西裝造型。

機師的制服。

DATA
開始啟用 2015年7月3日
設計師 Nguyen Minh Han

女性CA制服為越南正式場合的服裝「奧黛」。

TG

泰國國際航空

Thai Airways International

由公司指定的裁縫師量身訂製 筒裙裝為泰籍CA的專屬裝扮

泰國國際航空（TG）制服的設計靈感，來自過去王室的穿著風格及傳統舞蹈中使用的佩飾。基本上以套裝造型為主，但泰國籍CA在機內服務乘客時，會換上民族服飾的筒裙。只有泰國籍才可以穿上的筒裙，自創立以來啟用至今（下方照片：1978～1981年的制服）。套裝造型也隨著時代而改變，目前為窄裙＋外套＋絲巾（左邊照片）。

在制服中融入高貴的品牌代表色「蘭花紫」，也是該公司長久秉持的傳統。套裝、筒裙皆是由TG指定的裁縫師手工量身訂製。男性CA制服為黑色西裝，搭配蘭花紫領帶。

筒裙裝是自創立以來就導入的造型。隨著時代變遷，設計上也有些微的變化。

DATA
開始啟用 1960年（筒裙）
設計師 現行的套裝造型是Pichitra Boonyarataphan的作品

PR

菲律賓航空

Philippine Airlines

經典的套裝造型 搭配搶眼的鮮豔絲巾

V字無領外套+裙子的套裝造型，加上菲律賓風格的鮮豔絲巾點綴。絲巾不採蝴蝶結繫法，而是將絲巾對折後掛在脖子上，再將一端直接穿入對折口即可完成。2012年公司的制服顏色從米色變更為藏青色。男性CA的制服為西裝造型，且與女性CA一樣都是藏青色，座艙長的制服則是灰色西裝。

由於新冠疫情的緣故，CA在2020～2022年期間，執勤時都是穿著防護衣，直到2022年4月16日才換回一般的制服。防護衣的設計是出自菲律賓籍設計師Edwin Tan。

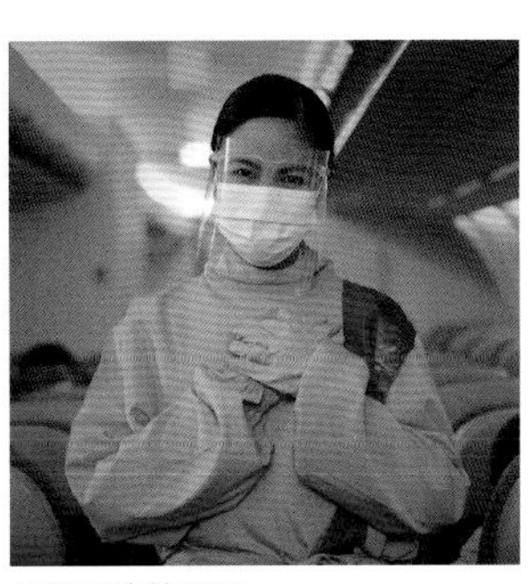
於新冠疫情期間
穿著的防護衣。

DATA
開始啟用 2012年
設計師 不詳

KE 大韓航空

Korean Air

淡藍色和米色宛如精靈般
給人清爽印象的制服

白色襯衫搭配白色絲巾，看起來清新感十足。

淡藍色、帶有光澤感的長袖襯衫與淡藍色絲巾的套裝造型。

白色的長袖襯衫+西裝褲。

目前的制服是第11代。以「提供世界最高水準的設計和服務」為宗旨，邀來世界知名設計師Gianfranco Ferré（已故）負責操刀。基本色調為讓人聯想到秋天晴朗天空的青磁色和米色。材質以毛料、棉等天然素材為主並根據用途來使用，例如襯衫採用平紋布、風衣為華達呢、襯衫衣領為凹凸織物、絲巾為蟬翼紗。

連髮飾「Pinyo」、絲巾等小物也包含在整體的穿搭選項中。首度導入褲裝套裝的造型在當時亦引發不少話題。該款制服在韓國又有「制服名作」之稱。男性CA的制服則與女性CA截然不同，為傳統的黑色西裝造型。

圍裙有白色和淡藍色2款。

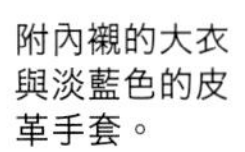

附內襯的大衣與淡藍色的皮革手套。

DATA
開始啟用 2005年3月
設計師 Gianfranco Ferré
配發品項 《女性CA》外套、裙子、長褲、短袖&長袖襯衫（淡藍色、米色）、絲巾（淡藍色、米色）、大衣、手套。鞋子有3款，鞋跟分別為7㎝、5㎝、3㎝。髮飾有髮夾&髮箍。肩背包、公事包、過夜包。

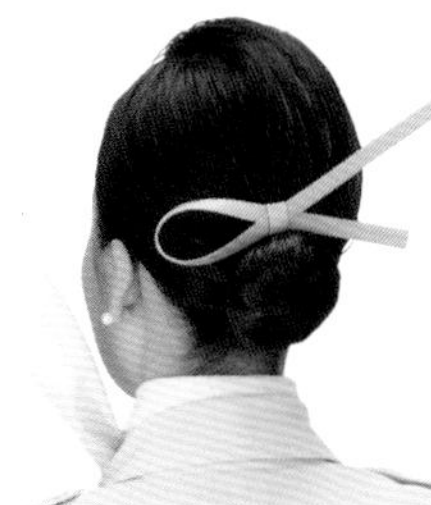

模仿韓國傳統髮飾「Pinyo」的髮夾，有白色和淡藍色2款。

OZ
韓亞航空
Asiana Airlines

材質以毛料和針織布為主 穿起來舒適宜人

韓亞航空的制服以米色系為基調，佐以紅色和金色點綴，給人高貴、典雅的印象。色調和設計皆與前一代的制服類似，但將寬鬆下襬的「荷葉邊」外套換回一般的版型，領口也改成V領。

負責操刀的Jin Te-ok是韓國現代時尚界的先驅者，以「機能性和柔和感」為設計的主軸。考量到使用者的舒適度，因此選用毛料和針織布作為制服的材質。設計和色調的創作靈感則是來自韓國傳統的美學。

地勤人員的制服為黑色套裝。絲巾的圖案與CA一樣，由米色、紅色、金色、藍色等色塊組成。

地勤人員的黑色系制服。

DATA
開始啟用 2003年10月1日
設計師 Jin Te-ok

LJ
真航空
Jin Air

由休閒風改為正統派
CA可從多項單品中搭配組合

韓國的廉價航空「真航空」於2019年7月推出新制服，以「融合現代與傳統的設計」為主題，由韓國籍設計師Lee Ju-young操刀。原本的舊制服為牛仔褲搭配襯衫的休閒造型，新制服則增加了開襟毛衣、裙子、絲巾等品項，CA可自行決定穿搭的方式。

採用透氣性佳且具伸縮性的材質，跟以前的制服相比輪廓也較為寬鬆，獲得CA「活動變得更自在方便」的一致好評。

與襯衫＋緊身牛仔褲的舊制服相比，品項變得更加豐富。

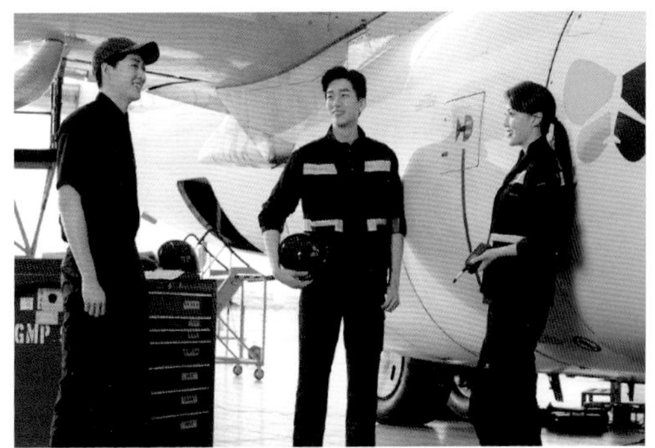

維修技師的制服是以藏青色搭配真航空的品牌代表色「萊姆綠」。

DATA
開始啟用 2019年7月
設計師 Lee Ju-young

DL
達美航空
Delta Air Lines

大量使用品牌代
表色「李子色」
的CA制服。

CA及地勤人員
的大衣造型。

CA及地勤人員
的針織套裝。

以李子色為代表主色 優雅與性感兼具的設計

2018年5月所導入的制服，是由紐約出身、以優雅與性感兼具著稱的設計師 Zac Posen擔綱製作。推出了品牌代表色「李子色」的連身裙、褶襉外套及套裝造型等，可依個人喜好選擇適合的風格，享受隨心所欲的穿搭樂趣。

原本2020年預計要發表「CA和地勤人員的新制服」，但因新冠疫情的緣故而延期。

地勤人員的制服除了李子色和灰色以外，還有被稱為「Red coat」、專門給接受特別訓練的地勤人員穿著的紅色休閒西裝和背心。

CA及地勤人員的大衣也有紅色款。

機坪作業人員的手套，右手和左手交疊起來即達美航空的標誌。

機坪作業人員的制服。

DATA
開始啟用 2018年5月29日
設計師 Zac Posen

UA
聯合航空
United Airlines

國際線和國內線會有不同造型
以藍色連身裙為標誌性單品

聯合航空的現行制服中，男性為最基本的西裝造型。女性除了套裝外還有連身裙，其中的藍色連身裙被視為是標誌性單品，並在制服指南中明文寫出「請帶著自豪感穿上制服」。國際線的造型與國內線不同。

原本預定於2020年導入新制服，但後來宣布延期。新版的女性制服是由Tracy Reese操刀，男性制服則由Brooks Brothers製作。Tracy Reese是一家以紐約為據點的時裝品牌；Brooks Brothers為1818年創立於紐約的服飾品牌，也是被暱稱為「日本武士隊」的日本棒球國家代表隊官方西裝合作夥伴。

原先預計在2020年推出、但後來延期的新制服。

DATA
開始啟用 不詳
設計師 不詳

AA
美國航空
American Airlines

以「Aviation Blue」為主色調
由服飾網路零售商操刀製作

2020年3月2日推出的美國航空現行制服，是由美國的服飾網路零售商「Land's End」負責設計。傳統的西裝造型制服採用名為「Aviation Blue」的主色系，並依職種配發不同的襯衫和服飾品項。在導入新制服時還由第一線工作人員組成團隊，除了針對材質、設計提出意見外，也實際穿上新款制服執行勤務。據說新制服共耗費3年的時間才打造完成。

順便一提，曾有員工在穿著前一代制服時引發過敏症狀，甚至還衍生成訴訟。因此，前一代制服僅使用4年就被淘汰。

男女制服的內搭襯衫選用了大膽的格紋設計。

地勤人員的制服以「藍色」為主軸。

DATA
開始啟用 2020年3月2日
設計師 Lands' End

AC
加拿大航空
Air Canada

以鮮紅色的皮帶和手提包為標誌性的單品

２０１８年3月導入的加拿大航空制服，是由出身於加拿大溫哥華的設計師Christopher Bates操刀。以黑色和炭灰色為基調，並佐以紅色（加拿大航空紅）點綴。制服的材質優良，西裝和連身裙為１００％的純毛布料、領帶和絲巾為１００％的絲質編織。Christopher Bates為了２８０００名的ＡＣ員工，總計推出１５０款品項。女性ＣＡ的紅色手皮包和皮帶還被視為是「標誌性單品」。２０１８年，該款制服在北美制服製造商和經銷商協會（ＮＡＵＭＤ）的評選中獲獎。

機師等CA以外的制服也全面換新。

DATA
開始啟用 2018年3月
設計師 Christopher Bates

EI
愛爾蘭航空
Aer Lingus

相隔22年的制服改款
綠色和藏青色的對比搭配

愛爾蘭航空的現行制服是睽違22年所推出的新款，於2020年2月10日正式亮相。負責操刀的是愛爾蘭知名時裝設計師Louise Kennedy，前一代制服也是她的作品。新制服以愛爾蘭航空的品牌代表色「肯梅爾綠」（Kenmare Green）以及名為「午夜」（Midnight）的藏青色為主，鮮明的對比讓人留下深刻印象。總共有25種單品，可依個人喜好自由搭配組合。女性CA也可選擇褲裝造型。在設計時第一線員工的意見回饋也是考量重點，並選用對環境負荷較少的材質來製作。

藏青色的立領大衣造型。

地勤人員的制服。

DATA
開始啟用 2020年2月10日
設計師 Louise Kennedy

首次在女性CA制服中加入褲裝的選項。

HA
夏威夷航空
Hawaiian Airlines

設計主題為Kū Mākou（攜手共進）以「夏威夷」為創作靈感的制服

現行制服於2017年推出，地勤人員、空服員、維修技師、機坪作業人員、貨物部門等超過5000名員工的制服全面更新。

設計的主題為代表攜手共進的「Kū Mākou」，是設計師以及由40名現職員工組成的制服委員會共同討論的結果。制服的顏色採用夏威夷航空的品牌代表色「紫色」，和前一代制服也曾出現的藍色。創作靈感來自夏威夷傳統技藝的竹製印章「'Ohe Kapala」與夏威夷的原生植物「火山花」，竹製印章和火山花的構圖設計及色調會依部門而異。

如披風般的大衣造型。

藍色連身裙搭配布質腰帶的女性CA制服。

DATA

開始啟用 2017年

設計師 Affinity Apparel公司、設計工作室「Sig Zane Kaiao」、夏威夷航空40名員工組成的委員會共同製作

展現出夏威夷獨特風格的制服。

TN
大溪地航空
Air Tahiti Nui

出自大溪地籍設計師之手的制服
飛機上會改以連身裙造型現身

以法屬玻里尼西亞的帕皮提為據點的大溪地航空，於2019年為紀念創立20周年推出了新制服。女性制服由Moerani Margrin、男性制服由Steeve Liu負責操刀，兩位皆是出身大溪地的設計師。

制服的設計靈感來自大溪地的島嶼和海洋，由藏青色的西裝搭配潟湖藍的內搭衣。在機艙內提供服務時，女性CA會換上名為「purotu」的緊身連身長裙或是被稱為「mamaru'au」的寬鬆連身長裙。連身裙有紅色、藍色、黃色3款。

座艙長是身穿綠松色的外套。

於機內換穿上名為「purotu」的連身裙。

DATA
開始啟用 2019年
設計師 Moerani Margrin（女性制服）、Steeve Liu（男性制服）

深藍色外套與潟湖藍內搭衣的配色十分鮮明。

SB
喀里多尼亞航空
Aircalin

選用南太平洋的傳統印花布料 委由巴黎的服飾廠商製作

2019年8月於引進空中巴士A330neo客機的同時，制服也全面更新。被稱為「Island Collection」的新制服在導入前，公司內部組成了一個專案團隊，與當地企業合作邀請專業設計師進行討論，最後決定交由專門從事視覺識別與平面設計，來自法國的White Rabbit Communication操刀打造。

負責製作的是巴黎的服飾廠商「Création & Image Paris」。為了強調是一家總部設於新喀里多尼亞的航空公司，因此在設計元素中加入了南太平洋的傳統花紋。

DATA
開始啟用 2019年8月
設計師 White Rabbit Communication

採用橘色、藍色等讓人眼睛為之一亮的顏色。

QF
澳洲航空
Qantas

靈感源自於澳洲航空的標誌 深藍色×紫紅色的鮮明配色

澳洲航空的現行制服，是由出身澳洲墨爾本、活躍於巴黎的設計師Martin Grant負責操刀。制服以藏青色為基調，並搭配大面積的品牌代表色「澳洲紅」（寶石紅和紫紅色）作點綴，配色靈感來自澳洲航空的標誌。西裝的材質是採用澳洲產的美麗諾羊毛。與之前的制服相比，不僅材質變得輕盈、剪裁設計也更貼合身體的輪廓。

2013年在發表這款制服時，還請來澳洲超級名模米蘭達可兒穿上制服登台亮相，也引發不少話題。

令人印象深刻的澳洲紅（寶石紅和紫紅色）。

DATA
開始啟用 2013年
設計師 Martin Grant

合身的剪裁設計。

NZ
紐西蘭航空
Air New Zealand

以紐西蘭的原生蕨類「銀蕨」為設計主題

2011年於引進波音777-300客機時推出的新制服，是出自紐西蘭籍設計師Trelise Cooper之手。「不光只是一套制服，而是希望可以提供整個衣櫥，讓每位員工在遵守紐西蘭航空儀容規定的同時也能展現出自己的個性。」Trelise Cooper如此說道。她的時裝公司就開設在紐西蘭的奧克蘭，目前已在全球各地擁有10家旗艦店及200多間零售商。

制服為正式的黑色外套，搭配主色系「粉紫色」的連身裙和絲巾、領帶。連身裙和領帶上的「銀蕨」圖騰，是一種生長於紐西蘭的蕨類植物，在紐西蘭航空的飛機尾翼和標誌也都能見到。

內搭為印上銀蕨圖騰的連身裙。

DATA
開始啟用 2011年
設計師 Trelise Cooper

紫色內搭衣＋黑色外套的造型。

TR
酷航
Scoot

伸縮性極佳的緊身制服為全年通用的款式

酷航是新加坡航空旗下的廉價航空公司（Low Cost Carrier）。2017年在欣豐虎航併入酷航時，制服也跟著換新。以品牌代表色的「黃色」為強調色，採用兼具伸縮彈性與機能性的設計。女性CA制服為高腰線的短袖連身裙，男性CA制服為POLO衫+長褲。制服只有一種款式，並無冬夏之分。鞋子和包包、大衣皆可使用私人物品。為了打造個人的穿搭風格，髮型、高跟鞋、妝容都允許自由發揮。

制服以黑色為基調，並佐以品牌代表色「黃色」點綴。

女性CA的連身裙為裹裙風格。

DATA
開始啟用 2017年7月
設計師 不詳

VJ
越捷航空
Vietjet Air

設計靈感來自陸軍士官學員的制服

越捷航空是總部設在越南的廉價航空。CA制服出自一位歐洲設計師之手，創作靈感為陸軍士官學員的制服。女性CA的制服為紅色襯衫搭配領結、格紋短褲、帽子的造型，給人年輕有活力的印象。另外還會配發紅色雙排扣外套、羊毛氈大衣、繫帶的紅色瑪麗珍鞋。男性CA的制服是紅色POLO衫加黑色長褲，外套與女性制服的設計相同、但顏色是米色系，大衣和鞋子為黑色。

男性CA為紅色POLO衫＋黑色長褲。

女性CA的大衣造型。男性CA也有同樣款式的黑色大衣。

DATA
開始啟用 2011年11月
設計師 歐洲設計師

紅色襯衫與格紋短褲的搭配看起來很有精神。

AZ
ITA航空
ITA Airways

連T恤、靴子也OK的休閒風格穿搭

ＩＴＡ航空是新的義大利國家航空公司，接替已破產的義大利航空（Alitalia-SAI）提供服務。負責操刀制服的是義大利籍設計師Brunello Cucinelli。女性ＣＡ可自由挑選褲裝或裙裝。除了連身裙、襯衫＋長褲外，也有蓋肩袖Ｔ恤＋灰色背心的休閒造型，鞋子的選項中還增加了靴子。男性ＣＡ制服為海軍藍色的雙排扣西裝，搭配典雅的金色鈕扣；長褲則是現在流行的七分褲造型。

但目前ＣＡ尚未全面換上新制服，２０２２年11月5日（當地時間）的羅馬－羽田航線中還是啟用前一代由Alberta Ferretti所設計的制服。

女性CA的連身裙上附有同布料做成的腰帶。

法式袖T恤、七分褲等合身剪裁的造型。女性CA也可選擇穿長褲。

機師制服為經典的雙排扣外套，袖口上繡有線條。

DATA
開始啟用 2022年
設計師 Brunello Cucinelli

Column

即便是航空制服也具有多樣性&包容性

提供多元尺寸、球鞋及跳框性別框架的制服選擇。航空業界開始正視多樣性議題

一提到CA，多數人的印象大概就是一位長得漂亮、身材高挑、英語流利、態度親切的小姐吧。其實直到大約40年前，招募簡章中都還有「端莊秀麗」這項規定。明文列出體重規定、「申請時未滿25歲」等年齡限制的航空公司也不在少數。

在許多國家中，端莊秀麗是指外型姣好之意。以前曾有某亞洲系航空公司規定若穿不下進公司時配發的訂做制服就得停飛，日系航空公司則將發胖後制服變緊的CA稱為「皮帶殺手」。

隨著時間的推移，如今已是提倡「身體自愛」（Body Positivity）的時代，連大尺碼模特兒都能活躍於伸展台上，各家航空公司也開始提供多樣化的制服尺寸。阿拉斯加航空於2018年亮相的新制服是由Luly Yang擔綱設計，總共推出13個職種的制服，且每一項單品皆備有45種尺寸。設計師曾說道：「就像是一道永遠解不開的謎題般。」

從高跟鞋到球鞋

女性CA＝高跟鞋的既定模式也逐漸面臨崩解。2019年日本曾掀起一場「#KuToo」的社會運動，抗議女性在職場上必須穿著高跟鞋的

阿拉斯加航空的CA制服，任何體型的人穿起來都很好看。

ZIPAIR採用球鞋作為制式鞋。

規定。「#KuToo」是一個由「鞋子（日文的羅馬拼音為Kutsu）」、「痛苦（日文的羅馬拼音為kutsū）」與「#MeToo」組合而成的主題標籤。雖然不全是因為「#KuToo」成為熱門話題的緣故，但已有越來越多的航空公司允許CA制服可以搭配無跟的鞋款。JAL明文規定自2020年4月起不穿高跟鞋也OK，樂福鞋或駕駛鞋等鞋款只要是黑色素面都行。ANA也在2020年5月取消了鞋跟高度的下限設定。JAL旗下中距離航線的廉價航空ZIPAIR，還直接以球鞋作為制式鞋使用。強制廢除高跟鞋的風潮，看來今後也將持續下去。

性別中立化

制服本身也開始出現去性別化的趨勢。如今隨著重視多樣性的觀念越來越普及，也經常會聽到「LGBTQ+」這個詞。航空業界也朝著重視「多樣性」的方向發展，無關乎年齡、性別、人種等背景，所有的人都能依照自己的方式生活。JAL和英國航空、漢莎航空在機上廣播時，已不再使用「Ladies and gentlemen」來稱呼乘客。

JAL在2019年推出了一項名為「JAL LGBT ALLY」的包機活動，並於2020年制服改款時首次在女性制服中引進褲裝造型。維珍航空的員工則無論性別，都可依自己的喜好來挑選制服。聯合航空、宿霧太平洋航空等航空公司，甚至還有跨性別的空服員在機上服務。在這些航空公司中，員工皆可選擇穿著符合自身性別認同的制服。

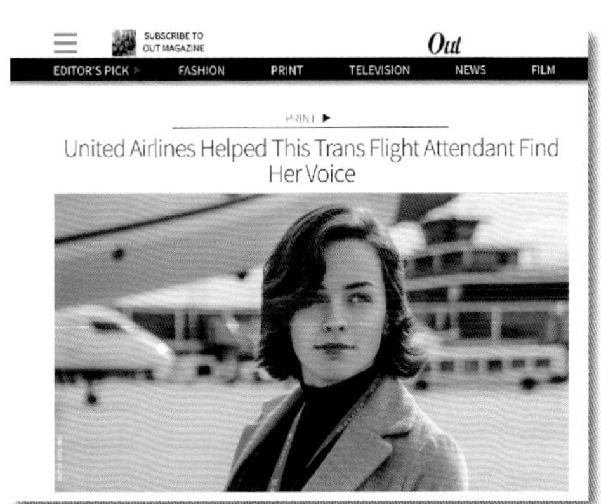

跨性別者Kayleigh Scott於2019年被聯合航空錄取為空服員的新聞報導。

Column

前JAL空服員 NOKO的制服劇場

最終都沒能穿上的白色&紫色圍裙
滑雪時派上用場的條紋毛衣
NOKO的JAL空服員制服回憶錄

我是前JAL空服員NOKO，目前是插畫家。

記得在當訓練生的時候，第一次穿上制服後興奮到不行，還跟宿舍的同期學員穿著制服跑到附近的櫻花樹下偷偷拍照。當時JAL的圍裙有6款顏色，可以自由挑選喜歡的顏色，但教官有告知「不可穿白色和紫色的圍裙」。後來我才得知，原來白色和紫色圍裙只有10年資歷以上的CA才能穿，結果在我的CA人生中，一次也沒有穿過。然而我回到老家後，卻發現媽媽穿著JAL的白色圍裙在做醬菜。我媽媽今年已經84歲了，這兩件圍裙還在繼續使用中。

我最喜歡的是進入公司時的深藍色連身裙制服，搭配紅色皮帶及紅色或藍色條紋絲巾。正因為對這款制服有所憧憬，所以才立志成為CA。另外還有配發紅色或藍色的條紋毛衣（連身襯衫樣式），在執勤期間我幾乎沒印象有穿過，結果去滑雪時卻派上了用場，真的很保

〈實用好物！〉

還有這頂大帽子和白色手套

拿來放小東西很方便

滑雪時可戴上雙層手套

暖。如今看來很不可思議，當時還得戴上如軍帽般的帽子和白色手套。我記得曾有次忘了戴手套，還被機長斥責了一頓。此外，大家也會模仿學姊們的絲巾打法或是帽子的戴法，努力穿出屬於自己的風格。

而我最不喜歡的是短外套款式的制服。墊肩太大，每次穿著制服照鏡子都想吐槽自己簡直就是日本漫畫《妙廚老爹》中的角色。總是不禁在想，為什麼輪廓線條不能多點女性魅力呢？

「和服值勤」的往事也還歷歷在目。在飛行時間超過8小時以上的歐洲線等航班上，會推出由CA穿著和服發送雜誌、提供飲品的服務。相當受到外籍旅客的歡迎，但在狹窄的機艙化妝室內換裝實在是件苦差事，上下分開的兩件式和服雖然已經節省不少穿著時間，但不太熟練時還是會手忙腳亂，也曾穿錯發生右襟在上、左襟在下的狀況而被乘客取笑。

也曾在機場看其他航空公司的CA制服看到出神的地步。義大利航空和法國航空的制服有種成熟大人的韻味，讓人十分嚮往。最近日本的航空公司制服也變得很有魅力，像是星悅航空的黑色套裝，我就很想穿一次看看。

若變胖可是會收到嚴厲警告。皮帶如果明顯繃緊則會被說是「皮帶殺手」……嗯，我應該可以過關吧……

書末資料

日本&全球航空業的歷史軌跡

1912年

3月 德國航空公司DELAG雇用全世界首位空服員Heinrich Kubis、男性

1930年

5月 聯合航空的前身「波音航空運輸公司」錄用包含Ellen Church在內的8名女性空服員（The Original Eight）

1931年

2月 營運羽田／下田(伊豆)／清水(靜岡)航線的東京航空輸送株式會社錄取3名被稱為「空中小姐」的空服員

1945年

4月 IATA(國際航空運輸協會)成立

1947年

4月 ICAO(國際民航組織)成立

1947年

6月 美國的泛美航空環球航線啟航

1950年

6月 依據GHQ（聯合國軍最高司令官總司令部）的備忘錄，允許日本重啟國內航空運輸事業的營運

1951年

8月 (舊)日本航空株式會社成立

10月 (舊)日本航空向西北航空租借馬丁202型飛機，成為戰後首家營運的國內民用航空

1952年

10月 (舊)日本航空以「DC-4」機型展開獨立營運

12月 全日空株式會社的前身「日本直升機運輸株式會社」成立

1953年

10月 根據《日本航空株式會社法》成立(新)日本航空株式會社

1954年

2月 日本航空開辦戰後日本航空公司首條國際航線「東京－舊金山航線」。採用「DC-6B」型飛機

1957年

12月 日本直升機運輸與極東航空合併，並改名為全日空株式會社

1959年

12月 中華航空成立

1960年

8月 日本航空首架「DC-8」噴射客機投入舊金山航線營運

1961年

4月 蘇聯首次載人太空飛行成功

1962年

2月 美國首次載人太空飛行成功

1965年

4月 日本國內航空首次以國產飛機「YS-11」營運定期航線

1967年

3月 日本航空開辦環球航線

1969年

2月　波音747首次試飛
3月　協和號客機首次飛行 ❶
7月　阿波羅11號在月表著陸

1972年
7月　開始實施45・47體制（別名：航空憲法）。昭和45（1970）年閣議了解，昭和47年（1972）運輸大臣公告

1973年
7月　日本赤軍劫持日本航空巨無霸客機

1974年
3月　ANA首架廣體飛機「洛克希德L-1011三星」投入營運

1975年
5月　全球第一座海上機場「長崎機場」啟用

1978年
5月　新東京國際機場啟用，之後改名為成田國際機場 ❷

1979年
2月　桃園國際機場第一航廈啟用

1980年
11月　法國航空在巴黎／安克拉治／東京航線導入經濟艙

1983年
6月　ANA的波音767-200投入營運

1985年
6月　月刊《Stewardess & steward magazine》（8月號）創刊 ❸

6月　JAL採用商務專用型巨無霸Executive Express投入東京／紐約航線直飛
8月　JAL123號班機在群馬縣御巢鷹山附近墜毀，造成520人罹難
10月　ANA總計搭乘旅客人數達到3億人次
11月　JAL在國內航線導入座位前後距離較寬的「Super Seat」
12月　廢除45・47體制

1986年
2月　美國的航空公司「Pan Am」停飛太平洋航線
2月　日本國內航線引進機票自動售票機
3月　ANA加入國際定期航線（東京／關島航線）的行列
4月　JAL開始營運飛越西伯利亞上空的歐洲直飛航線
7月　ANA直飛北美的航班（東京／洛杉磯、華盛頓）正式開航
9月　東亞國內航空（現在的JAL）首架國際包機（伊丹／首爾之間）啟航 ❹

1987年
3月　達美航空將航線延伸至日本 ❺
4月　ANA開始營運日中航線
5月　美國航空將航線延伸至日本
7月　新青森機場啟用
11月　JAL完全民營化

1988年
4月　東亞國內航空改名為日本佳速航空
7月　日本佳速航空開始營運國際定期航線（東京／首爾航線）
7月　新千歲機場啟用
10月　日本佳速航空更換空服員的制服

1989年

4月 長榮航空成立

4月 ANA首條歐洲定期航線啟航（與SAS聯營的東京／斯德哥爾摩航線）

5月 JAL睽違20年更新機身設計

7月 ANA首次開設獨自經營的歐洲航線（東京／倫敦航線）

7月 奧地利航空將航線延伸至日本

8月 土耳其航空將航線延伸至日本

1990年

2月 日本佳速航空開設東京／新加坡航線

4月 JAL的波音747-400客機啟航

6月 ANA成立專營包機業務的World Air Network（後更名為全日空日本航空）

8月 波斯灣戰爭爆發

9月 ANA更換空服員的制服 ❻

1991年

1月 日本航空包機（後改名為日線航空並納入JAL旗下）成立

1月 2小時以內的國內線航班全面禁止吸菸

2月 ANA發表新配置的經濟艙「CLUB ANA」

4月 J-AIR開始營運

7月 日本航空包機啟航（福岡／檀香山航線）

10月 庄內機場啟用

12月 成田機場第二航廈啟用

12月 泛美航空破產並結束營運

1992年

1月 JAL執行最後一趟走北極航線至歐洲的航班

2月 JAL以「濕租」方式租用日本航空包機的飛機營運「地方機場－檀香山航線」

2月 長榮航空率先全球，第一個推出豪華經濟艙

1993年

3月 福島機場啟用

5月 日本國內線航班開始在機上販售商品

7月 南西航空改名為日本越洋航空 ❼

7月 石見機場啟用

9月 ANA透過公開徵選設計作品的海洋巨無霸特別彩繪機啟航

9月 羽田機場的新航廈「BIG BIRD」啟用

1994年

2月 JAL宣布推出「Super Executive Seat」

4月 JAL的MD-11客機首航

5月 白鶴但馬機場啟用

9月 關西國際機場啟用 ❽

9月 加拿大航空將航線延伸至日本

1995年

1月 JAL的第1期合約制空服員執行首趟航班

1月 各家航空公司在阪神淡路大地震後為確保運輸能力皆臨時加開班機

9月 日本佳速航空開始營運「JAS彼得潘彩繪機」的包機航班

11月 ANA的L-1011三星客機退役

1996年

5月 JAL的國內航線推出線上預約服務

6月 ANA在國際航線的頭等艙導入平躺式座椅

7月 JAL將總部搬遷至東京都品川區東品川的新大樓

8月 各家國內航空公司在國內航線導入早鳥

左邊的是西南航空空服員的制服，右邊的是地勤人員的制服。

預購型的優惠機票

9月　JAL發表了新配置的商務艙「SEASONS」

10月　JAL將空服員的稱呼改為「Flight Attendant」。推出新款制服

1997年

1月　日本佳速航空成立子公司「丑角航空」

2月　ANA's莉卡娃娃開始販售

3月　羽田機場的新C滑行道啟用

4月　日本航空快運(現已完全併入JAL)成立

9月　北海道空中系統成立

1998年

7月　日本航空快運開始營運「伊丹／九州航線」

7月　大館能代機場啟用

9月　國內航線全面禁菸

9月　天馬航空正式首航

12月　北海道國際航空(現在的AIR DO航空)啟航

1999年

3月　ANA的國際航線全面禁菸

4月　JAL的國際航線全面禁菸

4月　《男女雇用機會均等法》修正案施行

6月　ANA的寶可夢彩繪機啟航

10月　JAL將日本航空包機改為經營定期航空運輸業務，並更名為日線航空

10月　ANA正式成為「星空聯盟」的成員❾

11月　《Stewardess & steward magazine》雜誌改名為《AIR STAGE》(2000年1月號)

11月　JAL與日本佳速航空共同營運「東京－首爾航線」

2000年

1月　ANA在國內航線推出「超值優惠機票」

3月　羽田機場的新B滑行道啟用

6月　法國航空、墨西哥國際航空、大韓航空、達美航空組成航空聯盟「天合聯盟」❿

7月　JAL、ANA、JAS開始營運東京／大阪航線的接駁航班

7月　桃園國際機場第二航廈啟用

8月　Fair Inc.啟航

2001年

1月　全日空日本航空開始營運

2月　利用羽田機場深夜清晨時段的國際包機航班開始營運

7月　ANA導入透過衛星連接的機上電話

8月　ANA開始採用以倫敦為基地派飛的空服員

9月　美國發生「911恐怖攻擊事件」

2002年

4月　ANA在國際航線導入名為「New Style, CLUB ANA」的餐飲服務，並配置豪華經濟艙

4月　ANA與中日本航空、Fair Inc.合作推出名為「ANA Connection」的服務，提供從成田機場起降之國內線的聯營航班

4月　成田機場的B滑行道暫定啟用

4月　中華航空與長榮航空的起降機場從羽田改為成田

8月　亞洲天網航空(現在的天籟九州航空)啟航⓫

10月　JAL宣布與日本佳速航空合併

12月　星悅航空成立

2003年

4月 JAL與日本佳速航空重新調整航班時刻表

7月 能登機場啟用

8月 日空航空的YS-11客機退役

11月 JAL和ANA加入營運連結羽田和金浦的接駁航班

2004年

4月 JAL與日本佳速航空合併完成，全新的JAL集團誕生

4月 ANA購入波音787客機，成為該機型的全球啟始客戶

4月 ANA將旗下航空公司的機身顏色全部統一，機腹換上ANA的標誌

5月 法國航空與荷蘭皇家航空合併 ⑫

8月 Air Next成立

10月 Fair Inc.改名為伊別克斯航空

12月 羽田機場第二航廈啟用

2005年

2月 中部國際機場啟用 ⑬

3月 丑角航空退出國內航線營運

4月 中日本航空改名為中部航空，並成為ANA的子公司

4月 JAL、ANA及旗下所有航空公司實施統一的航班號碼

5月 ANA集團更換CA制服，且旗下所有航空公司皆採用相同的設計

2006年

2月 神戶機場啟用

3月 新北九州機場啟用

4月 俄羅斯航空加入天合聯盟

6月 成田機場第一航廈盛大開幕，ANA改至第一航廈

2007年

1月 JAL在國內線導入頭等艙

4月 JAL加入國際航空聯盟「寰宇一家」⑭

10月 新加坡航空首班空中巴士A380客機啟航

2008年

4月 JAL與日本亞細亞航空合併

4月 西北航空與達美航空達成合併的協議

6月 富士夢幻航空成立 ⑮

11月 ANA成為運輸業界首家獲得「ECO-FIRST」認證的企業

2009年

3月 ANA集團發表女性機師制服

4月 天馬航空廢除CA、機師和地勤人員的舊款制服

6月 富士山靜岡機場啟用

7月 JAL的經典巨無霸客機「波音747-300」退役

10月 成田機場B滑行道啟用

12月 波音787首次試飛成功 ⑯

2010年

1月 JAL破產，接受企業再生支援機構的資金援助

2月 隨著JAL申請公司重整手續，株式會社JAL於證券交易所(東京、大阪、名古屋)市場第一部下市

3月 阿聯酋航空、卡達航空、阿提哈德航空開始營運飛往成田國際機場的航線

3月 茨城機場啟用

4月 ANA擴大付費機內服務「ANA My Choice」的選項

4月 ANA的波音777-300ER新機加入成田/紐約航線的營運

4月 ANA於成田／紐約航線的波音777-300ER導入「Inspiration of JAPAN」理念

4月 冰島火山爆發，歐洲多個機場暫時關閉

7月 京成電鐵的成田Sky Access開始提供服務

10月 日本航空網路、Air Next、中部航空3家公司合併，改名成立全日空之翼航空 ⑰

10月 東京國際（羽田）機場國際化

12月 JAL將旗下經營國際航線的日線航空合併

2011年

3月 發生東日本大地震

3月 JAL公司重整手續結束

9月 中華航空加入天合聯盟

11月 ANA是全球次世代中型客機「波音787」的首位客戶，首個執飛的商業航班為羽田／岡山、廣島航線

2012年

3月 日本第一家廉價航空「樂桃航空」啟航

4月 由法國航空營運的法日航線邁入開航60周年

7月 日本的廉價航空「捷星日本航空」啟航 ⑱

12月 ANA創立60周年

2013年

3月 JAL全艙等皆備有最新座椅的波音777-300ER（JAL SKY SUITE 777）投入營運

3月 ANA榮獲SKYTRAX評選為「5星級航空公司」

4月 ANA立全日空控股株式會社，將ANA集團內各公司全納入傘下

6月 JAL集團更換CA、地勤人員、貴賓室服務人員的制服，設計師為丸山敬太

6月 長榮航空加入星空聯盟

8月 法國航空成立80周年

2014年

2月 JAL連續兩年航班準時率名列世界第一

3月 ANA最後一架波音747-400退役

3月 從羽田機場起降的國際線航班顯著增加

4月 ANA的空服員從合約制改為長期雇用（正職員工）

5月 JAL在國內航線推出內裝煥然一新的「JAL SKY NEXT」座艙

10月 JAL吸收合併由JAL100%出資的子公司「日線航空」

2015年

2月 ANA集團將CA、地勤人員、貴賓室服務人員的制服全面換新，作品出自該公司首度採用的外籍設計師Prabal Gurung ⑲

4月 星悅航空的空服員從合約制改為正職員工

6月 JAL在SKYTRAX公布的2015年「全球最佳航空公司獎項」中得到「最佳經濟艙座位」，為首家獲此殊榮的日本航空公司

6月 ANA開設成田／休士頓航線

8月 ANA成為天馬航空破產後接受企業再生支援的機構之一

9月 ANA開設成田／吉隆坡航線

10月 ANA開設成田／布魯塞爾航線

11月 JAL開設成田／達拉斯．沃斯堡航線

12月 ANA開設羽田／雪梨航線

2016年

⑲

1月 JAL第5度獲得主要航空公司中航班準時率全球第一的獎項(根據美國FlightStats公布的數據)
1月 ANA與越南航空簽訂資本及業務合作的基本意向書
4月 JAL、日本越洋航空、J-Air、全日空之翼航空將空服員從合約制改為正職員工
5月 發生熊本大地震

2017年

2月 ANA的成田／墨西哥城航線啟航
4月 ANA集團將廉價航空「樂桃航空」納為子公司
4月 JAL開設羽田／紐約航線
4月 JAL與俄羅斯航空的東京／莫斯科航線邁入開航50周年
10月 JAL相隔兩年再次推出空服員月曆⑳

2018年

1月 AIR DO航空將新千歲機場的報到櫃台翻新
3月 樂桃航空和香草航空宣布預計於2019年底合併㉑
4月 AIR DO航空發表10月起空服員將改為正職員工
5月 成田國際機場開業40周年㉒
5月 星宇航空成立
7月 JAL為推出運行中距離國際航線的全新廉航品牌而成立T.B.L.株式會社。榮獲英國SKYTRAX評選為「5星級航空公司」
8月 JAL宣布制服將於2020年4月全面換裝
11月 JAL獲得澳洲智庫亞太航空中心(CAPA)評選為「Asia Pacific Airline of the Year」(繼2011年後再次獲獎)
12月 配合AIR DO航空創立20周年，制服也全面換新

2019年

2月 ANA開始營運成田／維也納航線。伊丹機場、羽田機場、那霸機場的貴賓室在限研吾的監修下改裝重新開幕
3月 ANA連續7年榮獲SKYTRAX評選為「5星級航空公司」
3月 大韓航空創立50周年㉓
4月 ZIPAIR發表新制服
5月 ANA在成田／檀香山航線引進空中巴士A380型飛機
9月 ANA的成田／巴黎航線啟航
9月 JAL的A350-900開始投入羽田／福岡航線營運
11月 天馬航空的成田／塞班島航線啟航

2020年

2月 JAL的成田／海參崴航線啟航
2月 紐西蘭航空發表能讓經濟艙乘客完全躺平的舒眠艙「Skynest」㉔
3月 新冠肺炎疫情對航空業界造成極大的影響。東京奧運和帕運決定從2020年延期至2021年舉行
3月 ANA的成田／海參崴航線啟航
3月 東方空橋航空推出新制服
3月 第17回AIR STAGE就職研討會因新冠肺炎疫情的緣故首度停辦
3月 天籟九州航空的那霸／福岡航線啟航
4月 JAL集團推出新制服
4月 ZIPAIR宣布啟航計畫延期
4月 維珍澳洲航空破產㉕
5月 泰國國際航空申請破產，但仍持續營運
5月 ANA集團、JAL集團、AIR DO航空、天馬航空2021年度皆暫

紐西蘭航空的「Skynest」，連經濟艙也設有可完全躺平的舒眠艙。

維珍澳洲航空目前仍繼續營運中。

ZIPAIR的客運航班之後也已順利開航。

停招募應屆畢業生

5月 ANA集團的員工擔任志工協助縫製醫療用防護衣

6月 ZIPAIR將客機改裝成專用貨機投入成田／曼谷航線的營運 ㉖

7月 JAL將公司網站大幅改版更新

8月 ANA推出名為「FLYING HONU」的遊覽飛行

10月 天馬航空的羽田／宮古（下地島）航線啟航

10月 樂桃航空的新千歲／那霸、仙台／那霸航線啟航

11月 在成田機場內設置PCR中心（篩檢新冠肺炎）

12月 日本亞洲航空結束營運 ㉗

12月 ANA的成田／深圳航線啟航

12月 ZIPAIR的成田／檀香山航線開始營運

2021年

2月 樂桃航空的成田／大分航線啟航

5月 JAL將春秋航空日本納為子公司

5月 AIR DO航空和天籟九州航空宣布合併

10月 接續義大利航空營運的義大利新國營航空公司「ITA航空」啟航 ㉘

10月 樂桃航空的福岡／石垣航線啟航

11月 荷蘭皇家航空迎來日本航線營運70周年

12月 ZIPAIR的成田／洛杉磯航線啟航

2022年

3月 JAL宣布睽違3年再次受理應屆畢業生報考CA

3月 ANA公布中距離航線的廉價航空品牌名稱為「Air Japan」

4月 ANA在羽田機場、成田機場的「ANA SUITE LOUNGE」開始提供「SUITE DINING」

6月 西班牙國家航空推出新制服

2023年

1月 英國航空發表新制服

ITA航空也有開航東京航線。

已結束營運的日本亞洲航空。

索引

結語

40多年前，我曾在幼稚園的畢業文集上寫著「我想要當空姐」。但後來發覺自己既無美貌、也沒有任何的服務精神，所以最終選擇一份較不起眼的工作——編輯。2000年我進入IKAROS出版社，參與月刊《AIR STAGE》的編輯工作。很幸運有機會能採訪兒時夢想的「空服員」。在拍攝封面照片時，看到現役CA制服的尺寸（比我小3號）真是讓我感到驚訝。當我被交付製作每年的制服特輯後，瞭解到航空公司制服的設計理念及隨著時代推移而變化的過程，開始覺得航空公司的制服實在很有趣。

沒錯，大家都對航空業界的制服充滿嚮往。由於CA和地勤人員代表著航空公司的形象，每家航空公司在制服的製作上無不傾注全力。正因為如此，航空公司制服的完成度極高，其中還有出自Christian Lacroix、Vivienne Westwood等世界知名設計師之手的作品。以賭上國家威信打造來形容，一點也不為過。若只有我一個人知道潛藏在航空公司制服背後的設計意圖、想法、幕後祕辛等等，未免也太可惜了。因此為了讓更多人能一探究竟，策畫了這本書。

本書使用了《ＡＩＲ ＳＴＡＧＥ》編輯部的大量資料，該月刊擁有全日本最多的航空公司制服照片及資料，總共網羅約80家日本及世界各國航空公司的制服，從全球首款ＣＡ制服到具ＬＧＢＴＱ＋意識形態、反映出時代氛圍的制服都有，也針對航空制服的歷史與魅力做了詳細介紹。除了正面的照片外還有背面照，不僅受到航空迷、制服迷的喜愛，也能作為插畫家、服飾產業相關人士的服裝設計參考資料。同時航空制服的歷史，也是勞工獲得多樣性文化職場環境的過程。從照片也可得知，過去缺乏個性、強調性別差異的制服，已逐漸演變成超越性別、能發揮個人特質的設計風格。

最後藉此機會，我想向協助取材的所有航空業界人士及製作人員，表達感謝之意。

京極祥江

於京都自宅

196頁　照片提供：嘉魯達印尼航空

197頁　照片提供：越南航空

198頁　照片提供：泰國國際航空

199頁　《AIR STAGE》2014年1月號
照片提供：菲律賓航空

200～201頁　《AIR STAGE》2020年4月號

202頁　照片提供：韓亞航空

203頁　照片提供：真航空

204～205頁　照片提供：達美航空

206頁　照片提供：聯合航空

207頁　照片提供：美國航空

208頁　照片提供：加拿大航空

209頁　照片提供：愛爾蘭航空

210頁　照片提供：夏威夷航空

211頁　照片提供：大溪地航空

212頁　照片提供：喀里多尼亞航空

213頁　照片提供：澳洲航空

214頁　照片提供：紐西蘭航空

215頁　《AIR STAGE》2018年6月號
照片提供：酷航

216頁　照片提供：越捷航空

217頁　照片提供：ITA航空

218～219頁　照片提供：阿拉斯加航空
〔URL〕www.out.com/print/2021/5/18/united-airlines-helped-trans-flight-attendant-find-her-voice

220～221頁　插圖：NOKO

223～229頁　《AIR STAGE》2007年9月號、2022年6月號、2020年9月號、2022年7月號、2020年4月號、2022年5月號、2022年8月號、2019年1月號
照片提供：ANA、星空聯盟、天合聯盟、荷蘭皇家航空、寰宇一家、JAL、樂桃航空、日本國土交通省、紐西蘭航空、維珍澳洲航空、ITA航空

參考資料・文獻

所參考的雜誌、書籍、企業・團體等的資料如下所列。

月刊《AIR STAGE》（IKAROS出版社發行）

月刊《AIRLINE》（IKAROS出版社發行）

《空姐制服圖鑑》（IKAROS出版社發行）

《THE JET SEX》（明石書店發行）

《空服員的誕生》（岩波書店發行）

《VOGUE FASHION百年史》（BLUES INTERACTIONS, INC. 發行）

《白鷺》（全日空空服員OG會『白鷺會』30周年紀念誌）

《日本航空一期生》（白水社發行）

制服的歷史　JAL空服員
www.jal.com/ja/company/uniform/

制服的歷史　ANA
www.ana.co.jp/group/company/ana/uniform/

Air France - a constant symbol of French elegance.
corporate.airfrance.com/en/uniforms

The Design Air　thedesignair.net/

各航空公司的媒體資料庫、新聞稿

IKAROS出版社所藏的照片、資料等等

出處

封面	《AIR STAGE》2019年9月號、2017年1月號、2019年7月號、2020年4月號 照片提供：JAL、ANA、國泰航空、中華航空、新加坡航空、泰國國際航空
6～10頁	照片提供：法國航空、國泰航空、北歐航空、《AIR STAGE》編輯部所藏資料（布蘭尼夫國際航空）
12～36頁	《AIR STAGE》2022年8月號 照片提供：聯合航空、西南航空
40～59頁	《AIR STAGE》2022年8月號、2020年11月號、2022年10月號 照片提供：JAL、ANA
60～61頁	《AIR STAGE》2018年3月號 照片提供：JAL、芬蘭航空、法國航空、漢莎航空
62頁	〔URL〕https://digitalcollections.library.miami.edu/digital/collection/asm0341/id/77308/rec/1
64～71頁	《AIR STAGE》2023年3月號 照片提供：JAL
72～77頁	《AIR STAGE》2020年11月號 照片提供：ANA
78～81頁	《AIR STAGE》2023年1月號
82～89頁	照片提供：法國航空
90～93頁	照片提供：漢莎航空 《AIR STAGE》2018年9月號
94～97頁	《AIR STAGE》2014年8月號、2016年8月號 照片提供：義大利航空
98～101頁	《AIR STAGE》2020年4月號
102～105頁	照片提供：夏威夷航空、夏威夷航空月曆
106～111頁	插圖提供：法國航空、維珍航空、義大利航空、荷蘭皇家航空、ZIPAIR、捷藍航空、加拿大航空、西班牙國家航空
112頁	照片提供：ANA、荷蘭皇家航空、達美航空
114～121頁	《AIR STAGE》2020年6月號、2020年8月號、2021年3月號、2022年3月號、2022年11月號、2019年10月號 照片提供：JAL
122～127頁	《AIR STAGE》2022年5月號、2018年5月號、2019年5月號、2018年6月號、2020年5月號、2020年11月號 照片提供：ANA
128～133頁	《AIR STAGE》2019年2月號、2021年7月號、2022年4月號
134～135頁	《AIR STAGE》2021年12月號、2019年10月號
136～137頁	《AIR STAGE》2021年2月號、2023年6月號
138～139頁	《AIR STAGE》2023年2月號、2019年6月號
140頁	《AIR STAGE》2021年8月號、2022年9月號、2022年6月號
141頁	《AIR STAGE》2022年7月號
142頁	《AIR STAGE》2016年11月號、2021年6月號、2021年7月號
143頁	《AIR STAGE》2016年7月號 照片提供：伊別克斯航空
144～147頁	《AIR STAGE》2022年1月號、2019年6月號
148～149頁	《AIR STAGE》2022年6月號
150頁	《AIR STAGE》2020年9月號、2018年8月號
151頁	《AIR STAGE》2022年8月號、2020年2月號
152～155頁	照片提供：《AIR STAGE》編輯部所藏 〔URL〕https://unitedafa.org/uniforms/（UA）、https://www.crew-shoes.com/（BA）、https://www.airindia.in（印度航空）
158～163頁	《AIR STAGE》2014年1月號、2016年2月號 照片提供：法國航空
164～165頁	《AIR STAGE》2020年1月號
166～167頁	《AIR STAGE》2015年12月號
168～169頁	《AIR STAGE》2017年11月號
170～171頁	《AIR STAGE》2022年8月號 照片提供：西班牙國家航空
172～173頁	《AIR STAGE》2012年8月號 照片提供：漢莎航空
174頁	照片提供：奧地利航空
175頁	照片提供：瑞士國際航空
176頁	照片提供：英國航空
177頁	照片提供：維珍航空
178～179頁	《AIR STAGE》2017年9月號
180～181頁	《AIR STAGE》2019年9月號
182～183頁	《AIR STAGE》2019年12月號
184～185頁	照片提供：土耳其航空
186頁	照片提供：卡達航空
187頁	照片提供：埃及航空
188～189頁	《AIR STAGE》2017年1月號 照片提供：國泰航空
190～191頁	《AIR STAGE》2019年7月號
192～193頁	照片提供：中華航空
194頁	照片提供：新加坡航空
195頁	照片提供：馬來西亞航空

攝影：高山浩數、柏博幸、阿施光南、合田昌史、深澤明、小久保陽一
※出處依本書引用次數由高至低的順序排序

人人出版 推薦好書

ISBN：978-986-461-343-4
定價：550元
頁數：132頁
尺寸：21 x 29.7公分

世界客機系列 8

世界彩繪飛機圖鑑

收錄730種特色主題塗裝！

機場停放著各色繽紛的飛機，這是哪家航空公司的飛機？塗裝設計又有什麼涵義呢？本書為日本飛機攝影達人查理古庄歷經30年，走訪超過100個國家的集大成作品，以飛機彩繪主題分類，並解說其設計亮點。

主題例如國旗、花卉、植物、動物等，還有目前流行的醒目大字&機腹塗裝，或以直線、波浪妝點，或過去曾為周年紀念、運動賽事換上的特殊圖案，種類豐富詳盡又充滿趣味性，跟著26種主題遨遊天際，走訪各國！

ISBN：978-986-461-400-4
定價：380元
頁數：112頁
尺寸：21 x 29.7公分

日本鐵道系列 5

日本頂級郵輪式列車&美食之旅

畢生難忘的極致奢華饗宴

郵輪式列車是什麼？這是有如郵輪般的奢華列車之旅，沿途欣賞美景、安排下車觀光、享用精緻餐點並在車上過夜。無論從行前確認、路線安排、車廂設計、車上服務等，都衷心期待能帶給顧客無上的尊榮體驗。日本知名的「九州七星號」將鐵道之旅提升至新境界，自2013年上路至今仍一票難求！而「TRAIN SUITE 四季島」、「TWILIGHT EXPRESS瑞風號」、伊豆觀光列車「THE ROYAL EXPRESS」同樣令人嚮往不已。

本書詳細介紹日本最具代表性的郵輪式列車，並採訪多位相關人員，細數列車的開發理念及魅力之處。另外也彙整全日本45輛美食列車，下次走訪日本時，不妨安排一趟列車之旅吧！

人人出版 推薦好書

ISBN：978-986-461-397-7
定價：500元
頁數：144頁
尺寸：18.2 x 25.7公分

世界飛機系列 10

【名機對決 世界客機經典賽1】

波音747 vs 空中巴士A380

巨型機時代的榮光與終結

波音747於1969年以當時世界最大客機之姿君臨天下，龐大的運輸量為民間航空業者開啟了新世代，長年暱稱為「巨無霸客機」，在飛機迷當中擁有高人氣；空中巴士公司致力打造出的A380，身為最大客機的寬敞客艙，在航空公司彈性運用下，不斷創新改革，甚至有航空公司將淋浴間、有如私人宅邸般的豪華套房搬上飛機。

即使這兩種大型飛機特色十足，但隨著市場需求轉變及環保意識抬頭，最後仍相繼走向停產之途。本書將一般大眾熟悉的波音747、空中巴士A380做比較，分別解說其開發背景、衍生機型、內部構造解說等，透過精彩照片帶領讀者一窺巨型機的榮光與落幕。

ISBN：978-986-461-411-0
定價：500元
頁數：144頁
尺寸：18.2 x 25.7公分

世界飛機系列 11

【名機對決 世界客機經典賽2】

波音787&767 vs 空中巴士A330&A340

全功能中型噴射機躍升天空的主角

當巨型飛機逐漸退出空中市場，取而代之的就是以波音787與空中巴士A330為代表性的雙發動機中型機。隨著性能提升、法規放寬、燃料效益提升等因素，成為航空公司最容易使用且兼具全功能的機種，堂堂成為空中的主角。

本書介紹波音787&767與空中巴士A330&A340的開發歷史背景、結合多種技術的內部豐富照片、衍伸機型特色，瞭解中型機成為多家航空公司主力的變遷與理由。

作者簡介

京極祥江

きょうごくさちえ

1975年出生於大阪府，成長於大分。1998年早稻田大學第一文學部文學科畢業，進入出版社擔任雜誌編輯。後來以自由工作者的身分，為月刊《AIR STAGE》、《口譯翻譯雜誌》（皆由IKAROS出版社發行）撰寫＆編輯文章。著作有《旅遊指南BOOK 魅力無窮的古都奈良》（IKAROS出版社發行）、《北歐雜貨舖：丹麥生活誌》等等。

【世界飛機系列12】

世界航空制服圖鑑1951-2023

反映時尚潮流與文化的航空制服史

作者／イカロス出版
翻譯／許懷文
編輯／林庭安
發行人／周元白
出版者／人人出版股份有限公司
地址／231028新北市新店區寶橋路235巷6弄6號7樓
電話／(02)2918-3366 (代表號)
傳真／(02)2914-0000
網址／www.jjp.com.tw
郵政劃撥帳號／16402311人人出版股份有限公司
製版印刷／長城製版印刷股份有限公司
電話／(02)2918-3366(代表號)
香港經銷商／一代匯集
電話／（852）2783-8102
第一版第一刷／2024年12月
定價／新台幣600元
港幣200元

國家圖書館出版品預行編目資料

世界航空制服圖鑑1951-2023：反映時尚潮流與文化的航空制服史／イカロス出版作；許懷文翻譯. -
第一版. -- 新北市：
人人出版股份有限公司，2024.12
面；　公分．－（世界飛機系列12）
ISBN 978-986-461-413-4（平裝）

1.CST：航空勤務員 2.CST: 制服 3.CST: 圖錄

557.948025　　113015230